Le travail, la nature et l'évolution de l'humanité

LE TRAVAIL, LA NATURE et L'ÉVOLUTION de L'HUMANITÉ

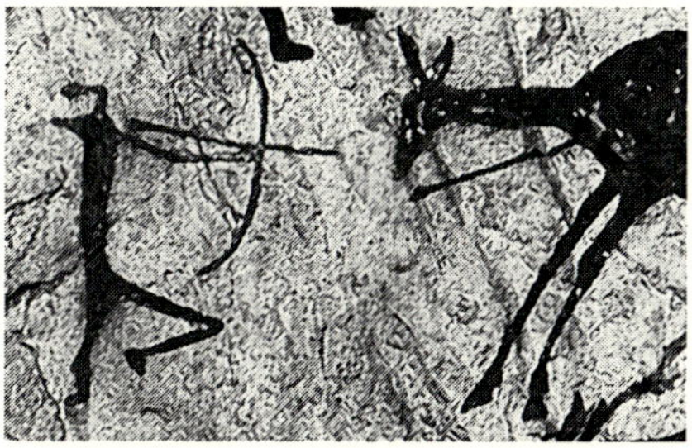

Une vision longue de l'histoire

FRIEDRICH ENGELS
KARL MARX
GEORGE NOVACK
MARY-ALICE WATERS

PATHFINDER
NEW YORK LONDRES MONTRÉAL SYDNEY

Rédaction : Mary-Alice Waters
Responsable de l'édition française : Michel Dugré

ISBN 978-1-60488-129-5
Numéro de contrôle de la Bibliothèque du Congrès /
Library of Congress Control Number 2022935310
Imprimé aux États-Unis
Manufactured in the United States of America

Première édition : 2022
Deuxième tirage : 2023

CONCEPTION GRAPHIQUE DE LA PAGE COUVERTURE : Toni Gorton

PREMIÈRE DE COUVERTURE : Des chasseurs de l'âge de pierre pourchassent des cerfs à l'aide d'arcs et de flèches, parmi les premiers outils qui ont permis aux humains de capturer et de consommer des animaux grands et rapides. Peint vers 7 000 avant J.-C., grotte de Los Caballos, dans l'est de l'Espagne.

Pathfinder
www.pathfinderpress.com
Courriel : pathfinder@pathfinderpress.com

AUSSI PAR LES AUTEURS

FRIEDRICH ENGELS

La situation de la classe ouvrière en Angleterre
Le Manifeste communiste (*avec Marx*)
La question du logement
Socialisme utopique et socialisme scientifique
L'origine de la famille, de la propriété privée et de l'État
Anti-Dühring
Ludwig Feuerbach et la fin de la philosophie classique allemande
Dialectique de la nature

GEORGE NOVACK

Understanding History (Comprendre l'histoire)
Genocide against the Indians (Génocide contre les Autochtones)
America's Revolutionary Heritage (L'héritage révolutionnaire de l'Amérique)
Democracy and Revolution (Démocratie et révolution)
Revolutionary Dynamics of Women's Liberation (La dynamique révolutionnaire de la libération des femmes)
An Introduction to the Logic of Marxism (Une introduction à la logique du marxisme)
Pragmatism versus Marxism (Pragmatisme contre marxisme)

KARL MARX

Thèses sur Feuerbach
Le Manifeste communiste (*avec Engels*)
Travail salarié et capital
Le 18 Brumaire de Louis Bonaparte
Contribution à la critique de l'économie politique
Salaire, prix et profit
La guerre civile aux États-Unis (*avec Engels*)

suite à la page suivante

Le Capital
La guerre civile en France
Critique du programme de Gotha

MARY-ALICE WATERS

Une révolution socialiste est-elle possible aux États-Unis ?
Cosmetics, Fashions, and the Exploitation of Women (Les cosmétiques, la mode et l'exploitation des femmes)
En défense de la classe ouvrière américaine
Cuba et la révolution américaine à venir
Che's proletarian legacy and Cuba's rectification process (L'héritage prolétarien du Che et le processus de rectification à Cuba)
Thomas Sankara parle
Feminism and the Marxist Movement (Le féminisme et le mouvement marxiste)

TABLE DES MATIÈRES

Encadrés et illustrations (page suivante)

ENCADRÉS

ILLUSTRATIONS

À PROPOS DES AUTEURS

Engels (à droite) et Marx revoient un journal qu'ils ont produit durant la révolution de 1848

FRIEDRICH ENGELS (1820-1895) a été, avec Karl Marx, un dirigeant fondateur du mouvement ouvrier révolutionnaire moderne. Lui et Marx ont été les plus grands maîtres de la dialectique matérialiste.

Des dirigeants prolétariens éprouvés les ont recrutés en 1847 à une organisation de la classe ouvrière. Marx et Engels en ont rédigé le programme, le Manifeste communiste. Ils ont participé à la formation de la Ligue communiste (1847-1852). Se rappelant ses premières rencontres avec les travailleurs qui ont recruté ces deux jeunes révolutionnaires à la Ligue, Engels a écrit plusieurs années plus tard : « C'étaient les premiers prolétaires révolutionnaires que j'eusse vus. Et bien que, sur des points de détails, il y eût alors grande divergence entre nos idées — à leur communisme égalitaire borné j'opposais encore une bonne part d'orgueil philosophique non moins borné — je n'oublierai jamais l'impression imposante que ces trois hommes véritables firent sur moi, qui n'étais encore qu'en train de devenir un homme. »

Marx et Engels ont dirigé l'aile prolétarienne de la révolution de 1848-1849 en Allemagne, au cours de laquelle Engels a participé aux combats lors des soulèvements de 1849 à Elberfeld, à Baden et au Palatinat. Après la défaite de la révolution, lui et Marx ont trouvé refuge en Angleterre, où le père d'Engels possédait une usine textile qui a permis à Engels de subvenir à ses besoins et d'aider la famille grandissante de Marx, pendant que les deux dirigeaient le regroupement de l'avant-garde révolutionnaire internationale de la classe ouvrière.

Ils ont été des dirigeants centraux de l'Association internationale des travailleurs, parfois appelée la Première Internationale, fondée en 1864. Ils ont participé aux luttes ouvrières en Grande-Bretagne et défendu les luttes révolutionnaires partout dans le monde : les mouvements pour l'indépendance de l'Irlande et de la Pologne, la guerre contre l'esclavage aux États-Unis et la commune de Paris de 1871, le premier gouvernement de la classe ouvrière dans le monde. Ils suivaient, avec un vif intérêt et une grande sagacité, les différents champs de la recherche scientifique, qui se sont développés de manière vertigineuse au cours de leur vie.

Après la mort de Marx en 1883, Engels a dirigé l'aile révolutionnaire de la Deuxième Internationale, fondée en 1889, jusqu'à sa mort en 1895. Il a mené des luttes politiques pour défendre un cours prolétarien face aux courants réformistes et anarchistes qui cherchaient à détourner le mouvement ouvrier de la voie révolutionnaire que Marx et Engels ont défendue tout au long de leur vie.

Quand Marx a terminé le premier volume de son *Capital* en 1867, Engels en a fait la promotion à l'échelle internationale. Après la mort de Marx, il a édité ses manuscrits et ses notes inachevés pour le deuxième et le troisième volumes du *Capital*, tout en continuant à collaborer étroitement avec d'autres communistes en Europe et aux États-Unis.

La vie exemplaire et les nombreux écrits de Marx et d'Engels ont constitué les fondements politiques du cours poursuivi par les révolutionnaires et partis prolétariens dans le monde pendant plus d'un siècle et demi.

GEORGE NOVACK (1905-1992) s'est joint au mouvement communiste aux États-Unis en 1933. Il a été membre et dirigeant du Parti socialiste des travailleurs jusqu'à sa mort. Il a été membre du Comité national du parti pendant plus de 30 ans.

Dans les années 20, il a étudié à l'université Harvard. Il a été profondément affecté par la montée au pouvoir d'Hitler en Allemagne au début des années 30. Ce coup porté à la classe ouvrière a résulté du refus de l'Internationale communiste dirigée par Staline de faire appel à des actions conjointes avec le Parti social-démocrate pour repousser la menace nazie dans ce pays. Sous l'impact de ces évènements, Novack a rompu politiquement avec le milieu d'écrivains et d'artistes dont il avait fait partie, un milieu constitué en grande partie de Juifs regroupés autour de la revue *Menorah Journal* et qui étaient des compagnons de route du Parti communiste. Il s'est alors joint à la Ligue communiste d'Amérique, ancêtre du SWP.

Renommé pour ses nombreux écrits sur le marxisme et l'histoire de la philosophie, George Novack a assumé, pendant six décennies d'activité révolutionnaire, des responsabilités variées au sein de la direction du parti. Il a dirigé plusieurs campagnes de défense du mouvement ouvrier, devenant un collecteur de fonds populaire pour le SWP et pour d'autres activités de la classe ouvrière. Il a fait partie, comme machiniste, de la fraction syndicale industrielle à l'usine automobile Hudson à Détroit pendant la deuxième guerre mondiale.

Comme secrétaire national du Comité américain pour la défense de Léon Trotsky, Novack a aidé à organiser la Commission internationale d'enquête de 1937, dirigée par le pédagogue américain bien connu John Dewey, qui a dénoncé les fameux procès truqués par Moscou en 1936-1938. Le rapport de la commission a infligé un dur coup au cours contre-révolutionnaire du régime dirigé par Joseph Staline. Les « procès » ont mené au meurtre et à l'emprisonnement de millions de personnes en Union soviétique et ailleurs. Quand la machine meurtrière de Staline a assassiné Trotsky en 1940, tous les membres du Bureau politique du Parti bolchevique dirigé par Lénine pendant la révolution d'octobre 1917 en Russie avaient ainsi été éliminés, à l'exception de Staline lui-même.

Pendant la deuxième guerre mondiale, George Novack a été secrétaire national du Comité de défense des droits civils. Ce comité a réussi à obtenir l'appui de nombreux syndicalistes et défenseurs des droits civils pour défendre 18 dirigeants du Parti socialiste des travailleurs dont certains étaient aussi dirigeants des grèves et des campagnes de syndicalisation des Teamsters du Midwest. Pris à partie par l'administration Roosevelt pour avoir organisé une opposition ouvrière aux objectifs de guerre de l'impérialisme américain, ces derniers ont été victimes d'un coup monté, condamnés et emprisonnés après avoir été accusés de « subversion » par le gouvernement fédéral en vertu de la loi de Smith, qui rendait illégal le fait « d'enseigner, de promouvoir et d'encourager » les idées communistes.

Pendant des décennies, George Novack a aidé à diriger une série d'autres luttes pour les droits civils et politiques y compris l'importante poursuite devant un tribunal fédéral contre le FBI pour avoir espionné le Parti socialiste des travailleurs et tenté de perturber son fonctionnement. La poursuite a été gagnée en 1986.

Il a participé activement aux luttes de masse qui se sont développées à partir des années 50 et jusqu'aux années 70 pour mettre fin au système de ségrégation de Jim Crow. Partisan de la montée du mouvement de libération des femmes, il a aussi soutenu activement la défense de la révolution cubaine et a aidé à construire un puissant mouvement pour mettre fin à la guerre de Washington contre le peuple vietnamien.

George Novack a écrit de nombreux textes et a donné de multiples conférences pour défendre le marxisme et le mouvement communiste sur les campus universitaires et lors de réunions publiques aux États-Unis et ailleurs dans le monde. Il a ainsi aidé à éduquer de nouvelles générations de révolutionnaires qui se sont joints au parti prolétarien auquel il a consacré sa vie.

KARL MARX (1818-1883)

Marx et sa fille Jenny à Londres en 1864

Il n'y a jamais eu de résumé de la vie de Marx plus pénétrant que les mots qu'a prononcés son plus proche compagnon d'armes, Friedrich Engels, au cimetière de Londres le 17 mars 1883, trois jours après la mort de Marx.

Le 14 mars, à trois heures moins un quart de l'après-midi, le plus grand des penseurs vivants a cessé de penser. Nous l'avions laissé seul à peine deux minutes. Lorsque nous sommes revenus, nous l'avons trouvé paisiblement endormi dans son fauteuil, mais pour toujours.

On ne saurait mesurer tout ce qu'a perdu le prolétariat militant d'Europe et d'Amérique ainsi que la science historique en perdant cet homme. On ne tardera pas à se rendre compte du vide laissé par la mort de ce titan.

De même que Darwin a découvert la loi du développement de la nature organique, de même Marx a découvert la loi du développement de l'histoire humaine : le fait élémentaire, mais jusqu'à présent voilé sous un fatras idéologique, qu'avant de pouvoir s'occuper de politique, de science, d'art, de religion, etc., les hommes doivent tout d'abord manger, boire, se loger et se vêtir ; que, par suite, la production des moyens matériels élémentaires d'existence et, dès lors, le degré de développement économique atteint par un peuple ou durant une époque, constituent les fondements d'où se sont développés les institutions d'État, les conceptions juridiques, l'art et même les idées religieuses des peuples en question et que, par conséquent, c'est à la lumière de cette base qu'il faut les expliquer et non inversement, comme on le faisait jusqu'à présent.

Mais ce n'est pas tout. Marx a également découvert la loi particulière du mouvement du mode de production capitaliste actuel et de la société bourgeoise qui en est issue. La découverte de la plus-value a, du coup, fait la lumière sur le problème que toutes les recherches antérieures des économistes bourgeois et des critiques socialistes avaient laissé dans les ténèbres.

Deux découvertes de ce genre suffiraient amplement à remplir toute une vie. Heureux déjà celui auquel il est donné d'en faire une seule semblable ! Mais dans chaque domaine que Marx a soumis à ses recherches (et ces domaines sont très nombreux et pas un seul ne fut l'objet d'études superficielles), même dans celui des mathématiques, il a fait des découvertes originales.

Tel fut l'homme de science. Mais cela ne fut pas même la moitié de cet homme. Pour Marx, la science était une force historique, dynamique et révolutionnaire. Si grande que fut la joie qu'ait pu lui procurer une découverte dans une discipline théorique quelconque, découverte dont on n'apercevait peut-être pas encore comment l'appliquer en pratique, il ressentait une satisfaction toute particulière quand il s'agissait d'une découverte pouvant immédiatement révolutionner l'industrie et le développement historique en général. Ainsi Marx a suivi de près les découvertes réalisées dans le domaine de l'électricité et tout récemment les travaux de Marcel Deprez.

Car Marx était avant tout un révolutionnaire. Sa véritable mission dans la vie a été de contribuer, d'une façon ou d'une autre, à renverser la société capitaliste et les institutions d'État qu'elle a engendrées, contribuer à affranchir le prolétariat moderne, qu'il a été le premier à rendre conscient de sa propre situation, de ses besoins et des conditions de son émancipation. La lutte était son élément. Et il a lutté avec une passion, une opiniâtreté et un succès rares.

Son travail pour la première *Rheinische Zeitung* en 1842, pour *Vorwärts !* à Paris en 1844, pour la *Deutsche-Brüsseler Zeitung* en 1847, pour la *Neue Rheinische Zeitung* entre 1848 et 1849, pour le *New York Tribune* de 1852 à 1861 et, en outre, la publication de nombreuses brochures de propagande, son travail à Paris, à Bruxelles et à Londres jusqu'à la constitution de la grande Association internationale des travailleurs, couronnement de toute son oeuvre, voilà des résultats dont l'auteur aurait pu être fier même s'il n'avait rien produit d'autre.

Voilà pourquoi Marx a été l'homme le plus exécré et le plus calomnié de son temps. Gouvernements absolus et gouvernements républicains l'ont expulsé. Bourgeois conservateurs ou ultra-démocratiques ont multiplié les calomnies à son égard. Il a balayé tout cela du revers de la main comme s'il s'agissait d'une toile d'araignée, l'ignorant ou n'y répondant que lorsque l'extrême nécessité l'y obligeait.

Il est mort aimé, vénéré, regretté de millions de travailleurs révolutionnaires dispersés dans tous les coins de l'Europe et de l'Amérique, depuis les mines de la Sibérie jusqu'en Californie. Et j'ose affirmer qu'il a pu avoir beaucoup d'adversaires, mais qu'il n'a pas vraiment eu d'ennemi personnel.

Son nom résistera aux siècles, de même que son oeuvre !

MARY-ALICE WATERS est une dirigeante de longue date du Parti socialiste des travailleurs et présidente des éditions Pathfinder.

Ce qui l'a attirée à la politique ouvrière révolutionnaire au début des années 60, c'est le comportement du Parti socialiste des travailleurs en réponse aux batailles de classe qui s'approfondissaient alors aux États-Unis et dans le monde. À l'université, elle a participé aux grandes actions qui ont contribué à renverser le système de ségrégation de Jim Crow. Alors que les travailleurs de Cuba, sous la direction de Fidel Castro et de l'armée rebelle, repoussaient l'invasion mercenaire organisée par Washington à la baie des Cochons, faisant ainsi avancer la première révolution socialiste dans les Amériques, elle a aidé avec d'autres étudiants de l'université Carleton à construire ce qui a été pendant un temps le plus important Comité fair play pour Cuba sur un campus.

Elle s'est engagée davantage dans la politique communiste au cours de son année d'étude en France en 1961-1962, qui coïncidait avec les derniers mois de la lutte d'indépendance algérienne. Mary-Alice Waters a pris part aux manifestations massives à Paris pour appuyer le peuple algérien. Elle a observé directement la violence fasciste des CRS, le corps de police de « sécurité » détesté qui soutenait les officiers militaires d'extrême droite de l'Organisation de l'armée secrète (OAS), qui, elle, cherchait à renverser le gouvernement français et à préserver la domination coloniale en Algérie. À son retour aux États-Unis, Mary-Alice

Waters a adhéré à l'Alliance des jeunes socialistes en 1962 et au Parti socialiste des travailleurs en 1964.

Parmi ses nombreuses responsabilités au sein du parti, Mary-Alice Waters a édité plusieurs publications présentant les positions politiques du parti et joué un rôle central pour diriger le travail international du SWP, particulièrement en défense de la révolution cubaine. Dans les années 80, elle a dirigé trois sessions de l'école de direction du parti, centrées sur les écrits politiques de Marx et d'Engels. De la fin des années 60 à aujourd'hui, Mary-Alice Waters a pris la responsabilité centrale de diriger la lutte du parti pour la libération des femmes, sans laquelle aucun mouvement révolutionnaire de travailleurs ne peut se construire. Elle prend souvent la parole sur cette question et sur d'autres aspects de la politique communiste aux États-Unis et à l'étranger.

Mary-Alice Waters a été secrétaire nationale puis présidente (1967-1968) de l'Alliance des jeunes socialistes. Elle est membre du Comité national du SWP depuis 1967. Elle a voyagé en France en 1968 pour couvrir le soulèvement étudiant et ouvrier pour l'hebdomadaire *The Militant* et à Montréal en 1970 pour couvrir la résistance à l'imposition par Ottawa de la Loi sur les mesures de guerre au Québec. Elle a été rédactrice en chef du *Militant* de 1969 jusqu'au début des années 70 et est présidente des éditions Pathfinder depuis 1992. En plus d'avoir été responsable de la publication de plus de 30 livres sur la révolution cubaine, elle est auteure, coauteure ou responsable de publication de nombreux autres travaux publiés par les éditions Pathfinder et le magazine *Nouvelle Internationale*.

Sans dialectique matérialiste, il ne peut y avoir de révolution ouvrière

Mary-Alice Waters

Le travail, conjointement avec la nature, qui lui fournit la matière qu'il transforme, est la source de toute richesse. Mais il est infiniment plus encore. Il est la condition première de toute existence humaine et il l'est à un point tel qu'il nous faut dire que le travail a créé l'homme lui-même.

FRIEDRICH ENGELS, 1876

D'où vient l'humanité et comment nous sommes arrivés là où nous sommes aujourd'hui, voilà ce dont traite ce livre.

Pourquoi est-ce important ?

Tout simplement parce que sans comprendre l'aube de l'humanité et notre évolution ultérieure, avec ses contradictions et les sauts dialectiques qui en résultent, avec ses combinaisons inattendues et ses décalages inévitables, nous, travailleurs du monde entier, sommes condamnés à rester prisonniers du moment dans lequel nous vivons. Prisonniers de l'époque capitaliste, incapables de voir au-delà des relations d'exploitation de classe qui déforment chaque aspect de nos vies, de nos idées, de nos relations sociales et même de nos valeurs personnelles.

Mais le monde capitaliste, avec sa loi de la jungle, n'est pas éternel. Il n'est pas non plus le produit de la « nature humaine » comme on nous le répète souvent.

La société divisée en classe, dont le capitalisme n'est que l'étape la plus récente, est apparue il y a seulement *quelques milliers* d'années. Ce n'est pas même un clignement d'oeil dans l'histoire de l'humanité. Les divisions de classe ont émergé avec le travail social toujours plus productif de nos ancêtres, qui leur a permis de produire plus que le nécessaire pour simplement survivre. Avec ce surplus, sont aussi apparus la propriété privée, les prêtres et les États avec leurs armées et autres institutions répressives utilisées pour défendre la propriété, le pouvoir et les privilèges de la minorité dirigeante.

Quant à la dictature sociale et politique du capital, elle n'a que *quelques centaines* d'années. Le capitalisme, qui repose sur le travail salarié de la grande majorité d'entre nous, qui n'avons pas de propriété dont nous puissions vivre et qui devons vendre notre capacité de travailler à un employeur, est apparu, lui aussi, dans des conditions historiques particulières. Il périra dans d'autres conditions.

Armée de cette vision longue de l'histoire, une avant-garde de la classe ouvrière de toutes nationalités, religions, couleurs de peau et des deux sexes, engagée dans des luttes aux côtés de millions d'autres travailleurs, peut acquérir l'expérience, la confiance politique et les capacités de lutte nécessaires pour tracer un cours révolutionnaire, un cours qui permette d'arracher le pouvoir d'État des mains de la classe des possédants et de consolider des institutions gouvernementales créées par la classe ouvrière. C'est alors seulement qu'on pourra avoir une société qui conviendra à la grande majorité de l'humanité, une société libre de toute exploitation de classe et d'oppression.

Ceci contredit tout ce qu'on nous a enseigné, ou pas enseigné, que ce soit à l'école ou à l'usine, en prison ou dans un lieu de culte.

Pour les possesseurs de capital, c'est un savoir dangereux.

Ce savoir dangereux appartient à la classe ouvrière. Il lui ouvre une fenêtre vers un monde différent et meilleur.

Le travail, la nature et l'évolution de l'humanité rassemble quelques écrits de dirigeants révolutionnaires de la classe ouvrière du milieu du 19e siècle jusqu'à nos jours.

Le livre s'ouvre avec « Le rôle du travail dans la transition du singe à l'homme » de Friedrich Engels. Lui et Marx formaient la direction du mouvement ouvrier moderne au moment de sa fondation. Ce texte inachevé a pu profiter des découvertes révolutionnaires de Charles Darwin et d'autres pionniers de la biologie de l'évolution, qui était au 19e siècle une science encore jeune. D'abord publié en allemand en 1896, un an après la mort d'Engels, ce court texte n'est paru en anglais qu'en 1934.

Engels y explique le rôle du travail, « la condition première de toute existence humaine », dans la transformation de la nature et de nous-mêmes, créant ainsi les conditions à partir desquelles la société humaine est née. Il explique le rôle central de l'évolution de la main humaine, avec son pouce opposable qui permet de fabriquer et d'utiliser des outils avec facilité. C'est à partir de là qu'ont évolué la parole, le cerveau humain croissant et d'autres attributs qui nous distinguent du reste du monde animal.

Mais c'est l'histoire des *relations sociales* humaines qui retient surtout l'attention d'Engels. Ces relations se sont développées au cours des millénaires, à mesure que se développaient nos capacités productives. « L'animal se contente d'*utiliser* l'environnement, écrit Engels. L'homme modifie l'environnement pour servir ses objectifs. Il le *domine.* » Il transmet ses connaissances et ses nouvelles aptitudes d'une génération à l'autre. « C'est finalement ce qui distingue essentiellement l'homme du reste des animaux. C'est encore le travail qui rend cela possible. »

Pour expliquer ce lien entre le travail social et la nature, Engels s'est appuyé sur les fondements matérialistes établies par Marx. Le capitalisme n'étend la production « qu'en ruinant dans le même temps les sources vives de toute richesse : la terre et le travailleur », *la nature et le travail*, comme Marx l'a écrit dans *Le Capital.* Partant des éléments les plus simples du capitalisme, à savoir la marchandise individuelle et le travail salarié, qui menaient au système de production et d'échange basé sur l'usine moderne, Marx en est venu à démontrer pourquoi seule la conquête du pouvoir par la classe ouvrière peut préserver non seulement la vie et la santé mais aussi la terre, le ciel et l'eau de façon à permettre le développement humain.

Dans cette perspective, Engels explique également dans l'article inclus dans ce livre : « Cependant, ne nous flattons pas trop de nos victoires humaines sur la nature. Pour chacune de ces victoires, la nature se venge sur nous. Chaque victoire a certes en premier lieu les conséquences que nous avons escomptées, mais en second et en troisième lieu, elle a des effets complètement différents, imprévus, qui trop souvent à leur tour annulent les premières conséquences. » Et les atténuent toujours.

Engels a cité l'exemple de l'exploration maritime et de la conquête coloniale européennes, parmi les premières sources d'accumulation de capital. Quand Christophe Colomb a débarqué en Amérique, a écrit Engels, « il ne savait pas qu'il donnait ainsi un second souffle à l'esclavage, depuis longtemps disparu en Europe, et qu'il jetait les bases pour la traite des Noirs ». De même, il n'importait pas aux planteurs espagnols à Cuba que les brûlis qu'ils pratiquaient pour faire un profit rapide à partir des grains de café détruiraient la couche de terres arables pour les générations à venir.

« Nous apprenons peu à peu à élucider les effets sociaux indirects et à plus long terme de notre activité productive, a écrit Engels. Nous acquérons ainsi la capacité d'en maîtriser et d'en régler les effets. Mais cette régulation exige plus que la simple connaissance.

« Elle exige une révolution complète de notre mode de production actuel et, avec lui, de tout notre ordre social contemporain. »

Engels, Marx et les autres dirigeants de la classe ouvrière cités dans ces pages, ne glorifiaient pas la connaissance pour le simple plaisir de la connaissance. Ils étudiaient la science et l'histoire surtout parce qu'il leur fallait cette connaissance pour organiser la classe ouvrière et ses alliés et les aider à trouver la voie vers l'émancipation.

~

Les articles de George Novack, un dirigeant du Parti socialiste des travailleurs aux États-Unis pendant des décennies, sont d'abord parus dans *The Long View of History* [Une vision longue de l'histoire], publié pour la première fois en 1960 par la maison d'édition qui a précédé les éditions Pathfinder. Toujours disponible depuis lors, ce petit livre a permis à plusieurs générations politiques de jeunes à l'esprit révolutionnaire de connaître les bases du socialisme scientifique. J'en suis moi-même un exemple.

« Comment l'humanité est parvenue à la civilisation » et « Le cours principal de l'histoire des États-Unis » ont commencé sous forme de cours donnés par George Novack en 1955 à des membres et jeunes recrues du Parti socialiste des travailleurs lors d'une école et d'un camp d'été organisés par la branche du parti à Los Angeles. C'était une période d'éveil politique. Comme c'est encore le cas aujourd'hui, les jeunes attirés au mouvement communiste ne connaissaient rien des fondements scientifiques du marxisme.

Le petit livre de Novack, comme il l'expliquait lui-même dans sa préface à la première édition, était destiné aux « esprits récemment éveillés ». Il leur offrait « un exposé popularisé de l'axe principal de l'évolution depuis le poisson jusqu'au genre humain », et depuis les origines de la société humaine « jusqu'au capitalisme contemporain aux États-Unis ». Comme il le soulignait lui-même, ce n'est rien de plus qu'une « esquisse extrêmement simplifiée de l'immensité et de la complexité » de ce processus. Les découvertes scientifiques des dernières décennies ont corrigé quelques dates et quelques faits cités par Novack et Engels concernant la préhistoire de l'humanité. Mais elles ont en même temps confirmé le cours fondamental du développement social de l'humanité que les auteurs présentent.

Les cours donnés en 1955, disait Novack, « s'attaquaient à deux conceptions dominantes », soutenant toutes les deux « le caractère sacré du système existant ». La première, c'est qu'il est « impossible, indésirable ou, d'une certaine manière, non scientifique de rechercher l'axe central du développement de l'histoire, surtout de l'histoire de la société ; d'en relier les stades successifs et de les placer dans l'ordre approprié ; de distinguer la forme inférieure de la forme supérieure et d'indiquer la nature des prochaines étapes ».

Le deuxième préjugé, ajoutait Novack, consiste à supposer que le régime capitaliste aux États-Unis « incarne le mode de vie le plus élevé qu'on puisse atteindre et un type d'organisation sociale insurpassable ». Ces deux propositions sont « fausses au niveau théorique et elles ont des conséquences pratiques totalement réactionnaires ». Pour les contrer, il a cherché à expliquer pourquoi les aspirations des travailleurs « à un mode de vie meilleur sont raisonnables et réalistes. Elles se fondent sur des prémisses scientifiques solides ».

On trouvera dans les pages qui suivent des illustrations et des photographies qui aideront les lecteurs à suivre ce que Novack appelle « le cours principal du progrès humain » décrit dans *Le travail,* la *nature et l'évolution de l'humanité.* Les deux présentations de 1955 sont accompagnées de textes complémentaires reprenant de brefs écrits historiques et politiques de Marx, Engels, Novack et d'autres dirigeants révolutionnaires de la classe ouvrière comme Farrell Dobbs, Evelyn Reed, Armando Hart et Jack Barnes.

Il est important de tenir compte de la période pendant laquelle les conférences de Novack ont eu lieu. Septembre 1955, c'était à peine dix ans après la fin du plus gigantesque massacre impérialiste de l'histoire. Le souvenir des conflits nationaux et des conflits de classes enchevêtrés, qui avaient été au coeur de ce qu'on appelle la seconde guerre mondiale et dont l'impact se faisait toujours sentir, pesait lourd dans toute la politique en Amérique du Nord et dans le monde entier.

Aux États-Unis, le boycott des autobus à Montgomery allait commencer quelques mois plus tard, en décembre 1955. Il durerait plus d'un an et deviendrait la première grande bataille du puissant mouvement à direction prolétarienne des Américains africains, un mouvement qui a fait tomber le système de ségrégation raciale proche de l'apartheid qui prévalait dans le Sud. Ce mouvement historique a modifié à jamais les perspectives pour approfondir la solidarité et construire aux États-Unis une direction ouvrière large et unifiée.

Au sein de la classe ouvrière et du mouvement ouvrier, nombreux ont été ceux qui voyaient comme un puissant pas en avant la fusion en 1955 des deux plus grandes et fortes fédérations syndicales nationales : la Fédération américaine du travail (AFL) et le Congrès des organisations industrielles (CIO). Mais cette fusion s'est rapidement révélée n'être qu'une autre manifestation du recul amorcé plusieurs décennies auparavant par des directions médiocres du mouvement ouvrier et qu'un autre exemple de leur volonté de subordonner les syndicats aux aspirations électorales du Parti démocrate et au système électoral patronal à deux partis.

Sur la scène internationale, les immenses luttes anticoloniales pour l'indépendance, en Inde, en Indonésie et en Chine, précipitées par la deuxième guerre mondiale, avaient triomphé. À peine deux ans plus tôt, le peuple coréen et ses alliés chinois avaient combattu jusqu'à obtenir l'arrêt de la guerre entreprise par les États-Unis dans le but d'empêcher l'indépendance et l'unification de la Corée. Cette guerre a abouti à une trêve instable et à une partition nord-sud de cette nation. Les États-Unis maintiennent toujours des soldats et des armes sur le territoire de la Corée souveraine. Une fois chassés du Vietnam en 1954, les colonisateurs français ont été remplacés par l'impérialisme américain et ses régimes fantoches dans la moitié sud du pays.

Le canal de Suez en Égypte était encore fermement sous le contrôle des impérialistes britanniques et français. Un coup d'État en Iran en 1953, orchestré par Washington et Londres, avait renversé le gouvernement de Mohammad Mossadegh, un gouvernement éphémère élu par le peuple, et avait réimposé la monarchie perse pro-impérialiste.

La révolution cubaine allait triompher quatre ans plus tard. Cette révolution, la première et jusqu'à présent l'unique révolution socialiste dans les Amériques, a amorcé un renouveau de la direction communiste à l'échelle internationale.

La vague de luttes anticoloniales à travers l'Afrique et les Antilles était également à venir. Ces luttes et le mouvement pour les droits des Noirs aux États-Unis se sont mutuellement stimulés et renforcés.

En février 1956, le premier ministre Nikita Khrouchtchev a prononcé un discours à huis clos lors du 20ᵉ Congrès du Parti communiste de l'Union soviétique, dans lequel il a reconnu les crimes horribles commis par la caste bureaucratique stalinienne, qui les avaient totalement niés jusque-là. Plus tard cette année-là, les soulèvements populaires des travailleurs et des jeunes contre le cours oppressif des régimes staliniens en Hongrie et en Pologne ont accéléré la désintégration et approfondi les contradictions du stalinisme mondial, ce qui a eu de grandes répercussions à l'échelle internationale.

En réfléchissant à certains des événements historiques qui ont façonné la lutte des classes aux États-Unis et dans le monde un peu avant ou un peu après le moment où George Novack a donné ces cours pour la première fois, le lecteur comprendra mieux toute l'étendue de l'histoire naturelle et humaine qu'il décrivait.

~

Cette compréhension de l'histoire est importante face à la propagation par des couches privilégiées de la classe moyenne, dans les universités, les fondations, les médias et les cercles gouvernementaux, de la « culture de l'annulation » (*cancel culture*) et de la politique *woke* qu'elles promeuvent, une politique profondément antiouvrière et antisciences. Il est maintenant devenu monnaie courante d'utiliser les « médias sociaux » de manière réactionnaire pour tenter de museler, de détruire la vie ou de priver de son moyen de subsistance quiconque exprime son désaccord avec les idées promues par ces couches aisées.

Les écoles et les universités sont devenues des foyers de censure, où on prétend garantir des « espaces sûrs » aux jeunes et les « protéger » contre des mots, des idées, des faits ou des oeuvres artistiques que les sages considèrent littéralement « blessants » ou « offensants » pour les jeunes. On n'encourage plus les étudiants à élargir leurs horizons historiques et culturels, à « élargir votre vision », comme Malcolm X exhortait les travailleurs et les jeunes à le faire. Au contraire, on enseigne aujourd'hui aux étudiants que les grandes oeuvres d'art, la littérature et les conquêtes scientifiques des générations passées, desquelles nous apprenons et que nous transformons aujourd'hui à mesure que nous les utilisons pour avancer, sont au mieux sans importance ou ne sont que des produits de la « suprématie blanche », de la « masculinité toxique », de la « transphobie » et de la « misogynie ».

Des classiques de la littérature tels Homère, *Les aventures de Huckleberry Finn* de Mark Twain, Shakespeare, *Orgueil et préjugés* de Jane Austen, *Ne tirez pas sur l'oiseau moqueur* de Harper Lee et bien d'autres ont été qualifiés de « racistes » et parfois retirés des salles de classe et même des bibliothèques des écoles secondaires. L'université Howard, une institution historiquement noire, a dissous son département d'études classiques pour « donner la priorité » à d'autres sujets. L'université Brandeis a publié une « Liste du langage oppressif », qui comprend les mots « il/elle » parce qu'ils « regroupent toutes les personnes dans un langage masculin ou dans l'opposition binaire de genre » féminin ou masculin. La liste inclut le terme

« pique-nique » parce que certains pourraient associer ce mot à des photos qu'ils ont peut-être vues de foules assistant à des lynchages d'Américains africains à l'époque de Jim Crow et en être « blessés ».

Des personnalités publiques comme J. K. Rowling, auteure des très populaires livres Harry Potter, qui défendent publiquement les conquêtes de la lutte pour la libération des femmes et qui disent la vérité scientifique qu'il existe deux sexes avec des caractéristiques biologiques distinctes, deviennent la cible d'agressions sur les médias sociaux, où on les accuse d'être « transphobes ». Ces auteurs perdent ainsi des contrats d'édition et des invitations à donner des conférences, car certaines bibliothèques et librairies retirent leurs oeuvres des étagères.

Charles Darwin, le pionnier de la biologie de l'évolution et l'un des scientifiques les plus remarquables du 19e siècle, fait maintenant partie de la longue liste d'auteurs visés.

L'année 2021 a marqué le 150e anniversaire de la publication de l'ouvrage révolutionnaire de Darwin *La Filiation de l'homme et la sélection liée au sexe.* Le livre était considéré comme scandaleux à l'époque. Darwin est devenu la cible d'une campagne d'« annulation » comme on pouvait en avoir au 19e siècle (une campagne insignifiante selon les normes actuelles des médias sociaux) parce qu'il avait appliqué à l'origine des êtres humains les connaissances de la biologie de l'évolution qu'il avait développées plus de 10 ans auparavant dans *L'Origine des espèces.*

Charles Darwin a réfuté les points de vue de nombreux scientifiques éminents de son époque, tel que Louis Agassiz, professeur à l'université Harvard, une des coqueluches des esclavagistes du Sud, qui soutenait qu'il existe huit espèces humaines, chacune ayant sa création divine distincte. Les travaux de Darwin ont clairement démontré que les êtres humains ne sont pas le produit d'une création, divine ou autre, mais qu'ils ont évolué par sélection naturelle à partir d'une origine commune unique parmi les primates, il y a des millions d'années. Il a démontré que *tous* les humains constituent une *seule* espèce et que les différences entre les humains et les autres animaux, en particulier les primates supérieurs, sont des différences « de degré et non de nature ».

Darwin et la science de la biologie de l'évolution qu'il a fondée ont été la cible des forces réactionnaires et obscurantistes du monde capitaliste pendant plus de 160 ans. Un exemple tristement célèbre est le « Procès du singe » de 1925, au cours duquel le professeur de lycée John T. Scopes, de Dayton au Tennessee, qui enseignait les découvertes évolutionnistes de Darwin à ses élèves, a été condamné pour avoir violé une loi de l'État du Tennessee interdisant l'enseignement de « toute théorie qui nie l'histoire de la Création divine de l'homme telle qu'elle est enseignée dans la Bible ». Cette loi est restée en vigueur jusqu'en 1967, quand elle a été balayée par la marée montante du mouvement pour les droits démocratiques et constitutionnels dirigé par les Noirs.

Il n'est pas surprenant qu'à l'occasion du 150ᵉ anniversaire de *La Filiation de l'homme*, les principes établis par Darwin soient de nouveau attaqués. Mais cette fois-ci, ceux qui mènent l'assaut, ce sont des individus et des institutions qui se targuent d'être « progressistes ».

Contrairement à ce que suggère son nom, le magazine *Science*, publication officielle de l'Association américaine pour l'avancement de la science, s'est joint aux campagnes de *race-baiting* contre des personnalités historiques dans de nombreux domaines. Un éditorial de l'anthropologue de Princeton, Agustín Fuentes, paru dans le numéro du 21 mai 2021, sonne la charge : « En décrivant les résultats de l'évolution humaine, Darwin croyait s'appuyer sur des faits, l'objectivité et la pensée scientifique. Mais ce ne fut pas le cas dans la plus grande partie du livre. *La Filiation*, comme tant de livres scientifiques de l'époque de Darwin, offre une vision raciste et sexiste de l'humanité. »

De plus, poursuit Agustín Fuentes, *La Filiation de l'homme*, « en faisant appel à « la survie des plus aptes » justifie l'empire, le colonialisme et le génocide ». Agustín Fuentes trouve cela « déroutant étant donné la position ferme de Darwin contre l'esclavage » et le fait qu'il insistait pour dire que toutes « les races humaines ont divergé à une époque extrêmement éloignée de leur progéniteur commun ». Mais Darwin était un « *Anglais* » (italiques ajoutés) « avec des préjugés insultants et infondés qui ont déformé sa vision des données et de l'expérience », dit Agustín Fuentes, et c'est ce qu'il faut maintenant enseigner aux étudiants.

Un groupe de biologistes évolutionnistes a répondu à Augustín Fuentes dans une déclaration que les rédacteurs de *Science* ont publiée uniquement en ligne :

> Ce que Darwin a écrit était bien évidemment influencé par les réalités et les conceptions victoriennes des différences sexuelles et raciales, dont certaines existent encore aujourd'hui, mais ce n'est pas une nouvelle révélation. Au lieu de signaler ces influences calmement, Agustín Fuentes met à plusieurs reprises Darwin au ban de la société pour les normes sexistes et racistes victoriennes au milieu desquelles il a présenté sa thèse explosive selon laquelle l'humanité a évolué. Fuentes suggère à tort que Darwin a justifié le génocide. Darwin a fréquemment eu des idées notablement plus modernes que la plupart des victoriens. Dans *La Filiation,* il a démoli l'argument employé pour justifier l'esclavage, selon lequel les différentes races sont autant d'espèces distinctes. Par la suite,

Darwin et l'évolution ont été la cible de forces réactionnaires et obscurantistes dès le milieu du 19e siècle. Aujourd'hui, cette attaque vient d'individus et d'institutions qui se disent « progressistes ».

À droite : Lorsque Darwin a publié *La Filiation de l'Homme* en 1871, douze ans après *L'Origine des espèces*, il a été ridiculisé par le magazine londonien *Hornet*. « Un vénérable orang-outan, une contribution à l'histoire non naturelle », disait la légende accompagnant la caricature.

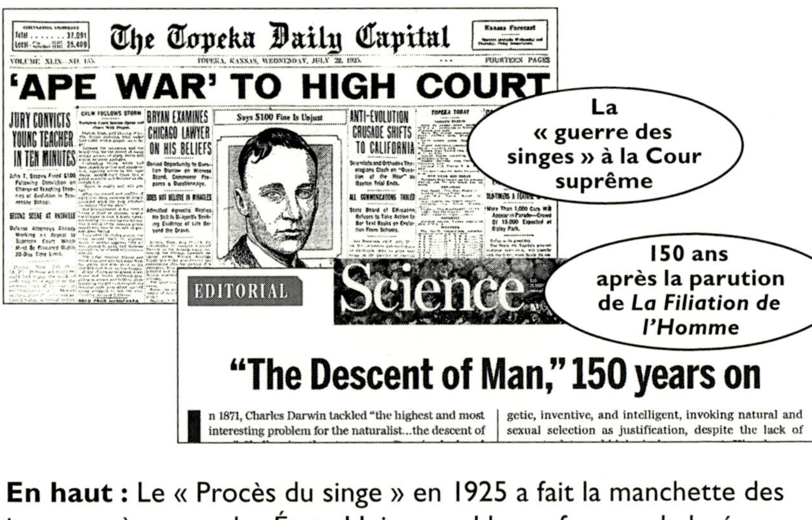

La « guerre des singes » à la Cour suprême

150 ans après la parution de *La Filiation de l'Homme*

En haut : Le « Procès du singe » en 1925 a fait la manchette des journaux à travers les États-Unis quand le professeur de lycée John T. Scopes a été condamné en vertu d'une loi du Tennessee qui interdisait d'enseigner l'évolution.

En bas : Un exemple d'attaque « progressiste » contemporaine dans un éditorial de mai 2021 de l'hebdomadaire de l'Association américaine pour l'avancement de la science : **Darwin « offre une vision raciste et sexiste de l'humanité » et « il justifie l'empire, le colonialisme et le génocide ».**

> des anthropologues ont pu développer leurs perspectives antiracistes en s'inspirant de Darwin. [...]
>
> Les élèves à qui l'on enseigne le contexte historique dans lequel s'inscrivent les écrits de Darwin devraient apprécier à quel point les idées de Darwin étaient révolutionnaires et remettaient en question de nombreuses (mais pas toutes) conceptions victoriennes. Nous déplorons qu'on refuse de célébrer l'impact considérable de ces idées au nom du traitement déformant que Fuentes leur fait subir.

Les lecteurs de *Le travail, la nature et l'évolution de l'humanité* devraient garder cette perspective historique à l'esprit. Marx, Engels et Novack, tout comme leurs contemporains, utilisent les termes « sauvagerie », « barbarie » et « civilisation » pour décrire les trois principales étapes de l'évolution sociale humaine. Ce sont les termes qu'utilisaient les anthropologues du 19e siècle et d'une grande partie du 20e siècle pour désigner les premières sociétés humaines fondées sur la chasse et la cueillette (sauvagerie), les sociétés agricoles qui ont précédé l'apparition des classes (barbarie) et les sociétés divisées en classes (civilisation). Les premières sociétés de classe, que ce soit en Mésopotamie, en Égypte, en Grèce, à Rome ou dans certaines régions d'Asie, sont apparues avec l'esclavage, qui est devenu le mode de production dominant, et avec l'écriture, les grandes concentrations urbaines et le commerce à grande échelle.

Les luttes victorieuses de libération nationale des peuples coloniaux au cours des 75 dernières années, y compris les luttes des nationalités opprimées aux États-Unis et ailleurs dans les pays impérialistes, ont eu un impact profond sur la conscience et l'activité des travailleurs du monde entier. La terminologie utilisée par les fondateurs de l'anthropologie, un produit de leur temps et non du nôtre, a été remplacée par d'autres termes scientifiques. Mais il est intellectuellement très étroit, ahistorique et réactionnaire de refuser de lire, d'étudier et d'avancer en s'appuyant sur les contributions à la science et à la culture des générations précédentes sous prétexte que ces porteurs de progrès humain reprenaient des éléments de langage qui reflétaient les relations sociales des sociétés dans lesquelles ils vivaient.

« Il ne coûte pas grand-chose de partir en guerre avec des formules générales contre l'esclavage et autres choses semblables et de déverser sur une telle infâmie un courroux moral supérieur », écrivait Engels en 1877 dans un livre polémique contre Eugen Dühring, un professeur allemand imbu de lui-même qui exerçait une certaine influence dans les courants socialistes de l'époque. Dans ce qui est devenu un classique du mouvement ouvrier, intitulé *Anti-Dühring*, Engels poursuit : « Malheureusement, on n'énonce par là rien d'autre que ce que tout le monde sait, à savoir que ces institutions antiques ne correspondent plus à nos conditions actuelles et aux sentiments que déterminent en nous ces conditions. Mais cela ne nous apprend rien sur la façon dont ces institutions sont nées, sur les causes pour lesquelles elles ont subsisté et sur le rôle qu'elles ont joué dans l'histoire. »

En dépréciant la civilisation grecque « parce qu'elle était fondée sur l'esclavage », disait Engels, Dühring « aurait tout autant raison de reprocher aux Grecs de n'avoir pas eu de machines à vapeur et de télégraphes électriques. Et s'il affirme que notre asservissement moderne du salariat n'est qu'un héritage de l'esclavage quelque peu métamorphosé et adouci et ne s'explique pas par lui-même (c'est-à-dire par les lois économiques de la société moderne), [...] nous serions tout aussi fondés à dire que le salariat s'explique comme une forme adoucie d'anthropophagie, forme primitive, partout constatée maintenant, de l'utilisation des ennemis vaincus ».

Dans « Le cours principal de l'histoire des États-Unis », George Novack pose deux questions : « Quelle voie fondamentale la croissance américaine a-t-elle suivie depuis 1492 ? » et « Quelle est la particularité la plus notable de l'histoire des États-Unis depuis l'arrivée des Européens ? »

En dépit des détours au cours de cinq siècles d'histoire, il répond que « le cours principal de l'histoire américaine a consisté à construire et consolider la civilisation capitaliste. [...] Il faut associer et lier tous les aspects de notre histoire nationale au processus qui a mené au mode de vie capitaliste dans sa forme la plus poussée et aujourd'hui, la plus pernicieuse. »

Quant à sa principale particularité, dit Novack, elle réside dans le fait que « la société américaine a crû et s'est construite entièrement à l'époque où le capitalisme s'étendait à l'échelle mondiale », ce qui n'est pas le cas en Europe, en Asie ou en Amérique latine. Toutes ces sociétés ont traversé des périodes prolongées de relations féodales qui ont laissé leur empreinte jusqu'à nos jours.

« Il suffit de rappeler comment le général américain Douglas MacArthur a préservé l'empereur du Japon, cette relique féodale, après la deuxième guerre mondiale, souligne Novack, ou comment la monarchie anglaise continue à faire les délices des journaux du dimanche. »

La troisième section principale de ce recueil, « L'époque de la bourgeoisie et la création de ses fossoyeurs », est tirée du Manifeste communiste, publié en 1848 alors que la première grande vague de luttes ouvrières déferlait sur l'Europe. Commençant avec les mots : « *L'histoire de toute société jusqu'à nos jours est l'histoire des luttes de classe* », il explique les racines de l'exploitation et de l'oppression dans le monde capitaliste d'aujourd'hui, mais surtout, il décrit une voie vers l'émancipation dirigée par et pour les exploités et les opprimés.

À cet égard, le Manifeste, le programme fondateur du mouvement ouvrier communiste moderne, est totalement à l'opposé des points de vue avancés aujourd'hui par les couches privilégiées de la méritocratie sous la bannière de la « théorie critique de la race », une bannière largement rejetée par les travailleurs de tous les horizons. Une des expressions les plus largement médiatisées de la « théorie critique de la race » est le projet 1619, parrainé par le *New York Times*, dans lequel Nikole Hannah-Jones, sa principale organisatrice, soutient que « le racisme contre les Noirs est dans l'ADN même de ce pays ».

L'histoire des États-Unis a commencé, dit Nikole Hannah-Jones, lorsque le premier navire qui transportait des esclaves d'Afrique débarqua accidentellement sur les rives de la colonie britannique de la Virginie en 1619. « La croyance que les Noirs n'étaient pas simplement réduits à l'esclavage mais qu'ils étaient une race d'esclaves est devenue la racine du racisme endémique que nous ne pouvons toujours pas éliminer de cette nation », a-t-elle écrit. La violence extrême contre les Noirs américains à l'époque de Jim Crow « a été un symptôme du mécanisme psychologique nécessaire pour absoudre les Américains blancs du péché originel de leur pays ».

Nikole Hannah-Jones se joint au choeur de ceux qui soutiennent que la force motrice derrière toute l'histoire du « monde occidental », y compris des États-Unis jusqu'à maintenant, a été la domination de personnes à peau blanche qui agissent en croyant appartenir à une « race » supérieure ayant droit à des privilèges et au pouvoir (la « suprématie blanche », selon les termes qu'emploient beaucoup ceux qui se proclament « guerriers pour la justice sociale »).

En même temps, l'essai de Nikole Hannah-Jones, écrit en 2019, est un véritable hymne patriotique à la démocratie bourgeoise américaine. Les Américains noirs, dit-elle, « ont été essentiels dans l'idée de la liberté américaine » et « dans la construction de la nation la plus riche et la plus puissante du monde ». Puis, elle ajoute : « Nous sommes ceux qui ont perfectionné cette démocratie. »

Le Projet 1619 porte bien son nom. Il n'a pas commencé comme une question d'histoire. Il a commencé comme une offensive pour promouvoir un cours *politique*. Il prétend maintenant être enraciné dans l'histoire. Mais il favorise également les ambitions professionnelles de ses promoteurs. Cette réécriture de l'histoire, cependant, est *fausse*, tant dans sa méthode que dans son contenu. Elle est aussi une attaque frontale contre le matérialisme historique, contre le marxisme.

Ce ne sont pas des attitudes racistes, que ce soient sous forme de « mécanismes psychologiques » ou de simples idées, *en fait, ce ne sont d'aucune manière des idées* qui forgent les relations sociales de l'humanité. Ce sont nos conditions matérielles de vie qui façonnent nos idées.

Karl Marx a souligné cette vérité en 1873 dans sa postface à la deuxième édition du *Capital* où il a expliqué comment il en est arrivé aux conclusions matérialistes développées dans ce livre et tout au long de sa vie de travail. Il s'y est déclaré « ouvertement disciple de ce grand penseur », Georg W. F. Hegel, dont les écrits sur l'histoire, le droit, la religion, la logique, l'État, et bien plus encore, ont eu une

Dialectique matérialiste, évolution et révolution

La dialectique n'est rien d'autre que la science des lois générales du mouvement et du développement de la nature, de la société humaine et de la pensée.

FRIEDRICH ENGELS
La dialectique de la nature, 1877

La pensée vulgaire opère avec des concepts tels que capitalisme, morale, liberté, État ouvrier, etc., qu'elle considère comme des abstractions immuables, jugeant que le capitalisme est le capitalisme, la morale la morale, etc. La pensée dialectique examine les choses et les phénomènes dans leur perpétuel changement. [...] La pensée dialectique est à la pensée vulgaire ce que le cinéma est à la photographie. [...]

Nous appelons notre dialectique matérialiste, parce que ses racines ne sont ni dans les cieux ni dans les profondeurs de notre « libre esprit », mais dans la réalité objective, dans la nature. La conscience est née de l'inconscient, la psychologie de la physiologie, le monde organique de l'inorganique, le système solaire de la nébuleuse. [...] Le darwinisme, qui expliquait l'origine des espèces par la transformation de changements quantitatifs en changements qualitatifs, a signifié le triomphe de la dialectique à l'échelle de toute la nature organique. [...] Marx, qui, à la différence de Darwin était un dialecticien conscient, a trouvé les bases d'une classification scientifique des sociétés humaines dans le développement des forces productives et la structure des rapports de propriété, qui constituent l'anatomie de la société […]

L'éducation dialectique de la pensée est aussi nécessaire à une politique révolutionnaire que les gammes pour le pianiste, car elle nous contraint à aborder tous les problèmes en tant que processus et non en tant que catégories immuables.

LÉON TROTSKY
En défense du marxisme, 1939

grande influence au début du 19e siècle en Allemagne. En même temps, a ajouté Marx : « Dans son fondement, ma méthode dialectique n'est pas seulement différente de celle de Hegel, elle en est même l'exact opposé. […]

« Pour Hegel, le mouvement de la pensée, qu'il personnifie sous le nom de « l'*Idée* », est le démiurge de la réalité, laquelle n'est que la forme phénoménale de l'idée. […] La mystification que la dialectique subit entre les mains de Hegel […] était encore à la mode » au milieu du 19e siècle — *à la fois* parmi des voix de la monarchie prussienne et de sa base parmi les propriétaires terriens semi-féodaux *et* parmi leurs opposants bourgeois plus radicaux qui se proclamaient « libres penseurs », souvent appelés « les jeunes hégéliens ».

Pour les partisans du statu quo réactionnaire en Allemagne (vers lesquels Hegel lui-même « semblait dans l'ensemble se pencher », comme l'a plus tard écrit Engels), la « forme mystifiée » de la dialectique, qui met l'accent sur une domination souveraine illusoire des idées, « semblait glorifier l'état de chose existant », c'est-à-dire l'État prussien et les relations préindustrielles qu'il défendait.

Avec Hegel, écrit Marx dans la postface de 1873 au *Capital*, la dynamique de l'histoire « est sur la tête. Il faut la retourner pour découvrir le noyau rationnel sous l'enveloppe mystique ». Une fois cette enveloppe retirée, alors « l'intelligence positive de l'état de chose existant [...] inclut du même coup l'intelligence de sa négation, de sa destruction nécessaire, parce qu'elle saisit toute forme faite dans le flux du mouvement et donc aussi sous son aspect périssable, parce que rien ne peut lui en imposer, parce qu'elle est, dans son essence, critique et révolutionnaire ».

« Le mouvement de la pensée, a écrit Marx, n'est que la réflexion du mouvement réel, transporté et transposé dans le cerveau de l'homme. »

À la fin des années 1830 et au début des années 1840, brièvement mais à un moment critique, les jeunes Marx et Engels ont eux-mêmes fait partie de cette « gauche hégélienne ». Mais ils ont bientôt rompu politiquement avec ce courant alors qu'ils étaient en bonne voie d'être recrutés au mouvement ouvrier par des travailleurs communistes qu'ils avaient fini par connaître et respecter en Allemagne, en France, en Angleterre et en Belgique.

Engels a évoqué plus tard le fait que, durant leur période de jeunesse de « tourments et de tensions », Marx et lui avaient collaboré à un livre visant à expliquer leur rupture avec l'hégélianisme mais qu'ils avaient abandonné « d'autant plus volontiers le manuscrit à la critique rongeuse des souris que nous avions atteint notre but principal : voir clair en nous-mêmes ». À propos de ce livre inachevé qu'on a appelé, longtemps après la mort de Marx et Engels, *L'Idéologie allemande*, Engels a écrit qu'il « consiste en un exposé de la conception matérialiste de l'histoire, qui prouve seulement combien nos connaissances d'alors en histoire économique étaient encore incomplètes ».

Au cours de ces années, les écrits du philosophe Ludwig Feuerbach ont brièvement influencé Marx et Engels, comme « un chaînon intermédiaire entre la philosophie hégélienne » et le communisme prolétarien. Lui-même ancien jeune hégélien, Feuerbach a décrit la rupture comme un rejet matérialiste de la religion. « Nous fûmes tous momentanément des « feuerbachiens », a écrit Engels dans sa brochure de 1886 *Louis Feuerbach et la fin de la philosophie classique allemande*. Mais c'était une impasse.

Pour Marx et Engels, les idées de Feuerbach sont rapidement entrées en conflit avec l'activité politique révolutionnaire de la classe ouvrière dans laquelle ils étaient de plus en plus engagés. Engels a écrit que les perspectives du philosophe aidaient à engendrer des courants socialistes petits-bourgeois qui remplaçaient « la connaissance scientifique par la phrase littéraire, l'émancipation du prolétariat au moyen de la transformation économique de la production par la libération de l'humanité au moyen de « l'amour ».

Selon Engels, après « la désagrégation de l'école hégélienne », la seule tendance qui « ait vraiment donné des fruits [...] est essentiellement attachée au nom de Marx ». Ce mouvement, a-t-il dit, « met fin à la philosophie dans le domaine de l'histoire ». Il reconnaît au contraire que, « dans l'histoire moderne tout au moins, toutes les luttes politiques sont des luttes de classes et que toutes les luttes émancipatrices de classes, malgré leur forme nécessairement politique — car toute lutte de classes est une lutte politique — tournent en dernière analyse autour de l'émancipation *économique* ».

Cependant comme l'expérience des travailleurs pendant plus d'un siècle et demi l'a démontré, une telle émancipation ne peut se conquérir qu'en utilisant un instrument *politique*, la dictature du prolétariat. Dans leur préface à une édition de 1872 du Manifeste communiste, Marx et Engel ont souligné les leçons de la Commune de Paris un an plus tôt, où « pour la première fois le prolétariat a détenu le pouvoir politique pendant deux mois ».

Cette lutte héroïque, et sa défaite aux mains dégoulinantes de sang des dirigeants capitalistes français, a montré que le Manifeste « est vieilli aujourd'hui par endroits », ont écrit Marx et Engels. La Commune a notamment fourni la preuve que « la classe ouvrière ne peut pas simplement s'emparer telle quelle de la machine de l'État et la faire fonctionner pour ses propres fins ». Un *nouvel État* doit être porté au pouvoir, guidé par une direction révolutionnaire de millions de travailleurs et de leurs alliés exploités.

Cette leçon a été confirmée dans les faits par le plus grand élève de Marx et Engels, V. I. Lénine, qui en octobre 1917 a dirigé le parti bolchevique vers la prise du pouvoir par les travailleurs, alliés aux paysans, après le renversement de l'empire tsariste en Russie.

Elle l'a été une autre fois dans les années 1950 et 1960, quand Fidel Castro et la direction de l'armée rebelle ont mobilisé les masses cubaines pour établir un État ouvrier à seulement 145 kilomètres des côtes de l'impérialisme le plus puissant et le plus brutal au monde. C'était l'État, le gouvernement révolutionnaire, non d'un mouvement ou d'une organisation en particulier, comme l'a souligné Fidel dans un discours de mars 1964, mais de millions de personnes portant « les chemises de travail des travailleurs et des agriculteurs ainsi que d'autres hommes et femmes du peuple ».

Le projet 1619 n'a pas comme seule faiblesse que ses fondements sont antimatérialistes ou même que ce qu'il décrit comme des faits historiques sont souvent faux. Nous, les travailleurs, et nos enfants devons apprendre l'histoire véridique de la lutte des classes aux États-Unis et à l'échelle internationale. Les livres des dirigeants révolutionnaires publiés et distribués par les éditions Pathfinder offrent de tels enseignements depuis des décennies. Toutefois, il n'existe pas une « histoire des Noirs » qui soit distincte. Ni « d'histoire des femmes ». Ni d'ailleurs « d'histoire du mouvement ouvrier ».

Ce n'est pas l'esclavage, avec toutes ses justifications racistes, qui a impulsé le développement des États-Unis. Ni la « suprématie blanche ». *C'est le capitalisme.*

Au début des années 1860, tout en clarifiant le caractère unique de l'esclavage aux États-Unis et dans les Caraïbes, Marx a expliqué que dans les plantations, « où les spéculations commerciales apparaissent dès le départ et où la production est destinée au marché mondial, la production capitaliste existe, bien que seulement dans un sens formel, puisque l'esclavage des Noirs exclut le travail salarié, qui est la base de la production capitaliste.

« Mais ce sont *des capitalistes* qui mènent le commerce qui a recours aux esclaves. Le mode de production qu'ils ont introduit n'est pas venu de l'esclavage, mais il s'est greffé à lui. »

L'institution de l'esclavage aux États-Unis et dans une grande partie des Amériques était une anomalie dans le monde capitaliste. Elle est finalement devenue une telle entrave au développement du capitalisme aux États-Unis qu'il a fallu l'éliminer, même au prix d'une des guerres les plus sanglantes de l'histoire mondiale. « La lutte actuelle entre le Sud et le Nord [...] n'est rien d'autre qu'une lutte entre deux systèmes sociaux, le système de l'esclavage et le système du travail salarié », a écrit Marx en octobre 1861. La guerre a « éclaté parce que les deux systèmes ne pouvaient plus coexister pacifiquement sur le continent nord-américain. Elle ne pourra se terminer que par la victoire d'un système sur l'autre ».

Quelques jours plus tôt, Marx avait écrit que les peuples d'Europe savaient que « dans cette lutte, la forme la plus élevée d'autonomie gouvernementale populaire atteinte jusqu'à présent livre bataille à la forme d'asservissement de l'homme la plus basse et sans vergogne des annales de l'histoire ». Et au début de 1862, il s'est réjoui de « la sympathie naturelle que les classes populaires du monde entier devraient ressentir pour le seul gouvernement populaire au monde ».

En août 1862, après plus d'un an de ce « conflit inévitable », Marx a écrit à Engels qu'il était convaincu que lorsque le gouvernement américain et l'armée de l'Union « mèneront sérieusement la guerre » et « auront recours à des méthodes révolutionnaires », la Confédération sera vaincue de manière décisive. C'est d'ailleurs ce que l'administration d'Abraham Lincoln a fait au cours des trois années suivantes, d'abord en hésitant, puis de plus en plus fermement face à une nécessité à la fois militaire et politique.

La guerre civile était devenue une guerre révolutionnaire.

En 1863, le gouvernement américain a émancipé les esclaves dans toute la Confédération et, lors de l'élection présidentielle de l'année suivante, Lincoln a rejeté les appels croissants des bourgeois des États frontaliers et d'ailleurs dans le Nord qui demandaient un compromis déloyal, soit d'annuler l'émancipation si les propriétaires d'esclaves consentaient à faire la paix immédiatement.

Lincoln a plutôt nommé Ulysses S. Grant au poste de général en chef de l'armée de l'Union. Il lui a ordonné de diriger l'armée du Potomac et d'*écraser* les forces du général Robert E. Lee dans ce qui était devenu le berceau de la rébellion des esclavagistes, avec sa capitale à Richmond, en Virginie. Sur le champ de bataille, entre la fin de l'été de 1864 et le printemps de 1865, l'armée de l'Union a encerclé les troupes de Lee en Virginie et a assené de nombreux coups à l'armée confédérée.

Le 9 avril 1865, dans une maison privée du village d'Appomattox, Lee a accepté les termes de la capitulation rapidement rédigés par Grant. Avec la défaite et la reddition de Lee, la résistance militaire dans toute la Confédération s'est effondrée.

La deuxième révolution américaine s'est toutefois étendue bien au-delà de la victoire de l'Union dans la guerre. Pendant une douzaine d'années après la chute de la Confédération esclavagiste, des luttes de classe acharnées ont été menées au cours de la reconstruction radicale. « Des travailleurs et agriculteurs noirs ont dirigé dans des régions importantes du Sud à la fois les esclaves libérés et les agriculteurs exploités et travailleurs qui étaient blancs », explique Jack Barnes dans un extrait inclus dans ces pages.

« En 1877, la reconstruction radicale s'était terminée dans une défaite sanglante. Non seulement les Afro-Américains, mais toute la classe ouvrière avaient subi ce qui demeure le pire revers de leur histoire », a écrit Farrell Dobbs dans un autre extrait. L'oppression nationale des Noirs a alors été institutionnalisée dans le Sud sur de nouvelles bases, ce qui a créé des divisions plus profondes dans la classe ouvrière.

Le racisme structurel *existe* dans toute la société américaine. Mais on ne peut attribuer son existence actuelle à la disparition, il y a plus de 150 ans, de l'esclavage, une institution économique désuète, ou au renversement de la reconstruction radicale. Ça ne peut s'expliquer par un

La deuxième révolution américaine ne s'est pas achevée avec la victoire de l'Union. Au cours de la reconstruction radicale, les travailleurs noirs et blancs ont livré des batailles de classe souvent dirigées par des esclaves libérés.

BIBLIOTHÈQUE DU CONGRÈS

HARPERS WEEKLY

En haut : Le général Ulysses S. Grant (devant l'arbre) et son état-major au quartier général de l'armée de l'Union, en Virginie, été 1864. En mars, Lincoln avait nommé Grant général en chef avec l'ordre d'écraser l'armée de Robert E. Lee dans le berceau même de la Confédération. En avril 1865, la rébellion des esclavagistes était vaincue.

En bas : Réunion électorale, 1868. Durant la reconstruction radicale, des gouvernements populaires du Sud ont banni la discrimination raciale, créé des écoles publiques, accordé le droit de vote à tous les hommes, étendu les droits des femmes et l'accès aux soins médicaux.

quelconque péché mythique originel, ou du moins postérieur à 1619, le péché de la « blancheur ».

Comment de telles idées peuvent-elles cadrer avec le fait qu'au 21e siècle, il y a moins de racisme dans la classe ouvrière et plus de solidarité parmi les travailleurs de toutes couleurs de peau et des deux sexes, que jamais auparavant dans l'histoire des États-Unis ? Ce progrès est avant tout le produit des puissantes batailles menées par les Noirs qui ont mis fin au système de ségrégation de Jim Crow, ainsi que du mouvement social massif qui a construit les syndicats industriels quelques décennies plus tôt.

Ce sont la classe des capitalistes et leurs apologistes qui ont intérêt à nous détourner de la véritable source des divisions que nous devons surmonter si nous voulons que les travailleurs puissent s'unir dans la lutte pour mettre fin à la société de classe dans laquelle nous vivons.

« De même que Darwin a découvert la loi du développement de la nature organique, de même Marx a découvert la loi du développement de l'histoire humaine », a dit Engels en mars 1883, sur la tombe de son ami et camarade de longue date.

Marx a expliqué que le « degré de développement économique d'un peuple ou d'une époque forme la base d'où se sont développés les institutions d'État, les conceptions juridiques, l'art et même les idées religieuses des hommes en question et que, par conséquent, c'est en partant de cette base qu'il faut les expliquer et non inversement comme on le faisait jusqu'à présent ».

Cependant, après avoir souligné la contribution irremplaçable de Marx à la compréhension des lois de l'histoire humaine, Engels a conclu en disant : « Tel fut l'homme de science. Mais cela ne fut pas même la moitié de cet homme. […]

« Car Marx était avant tout un révolutionnaire. Sa véritable mission dans la vie a été de contribuer, d'une façon ou d'une autre, à renverser la société capitaliste et les institutions d'État qu'elle a engendrées, contribuer à affranchir le prolétariat moderne, qu'il a été le premier à rendre conscient de sa propre situation, de ses besoins et des conditions de son émancipation.

« La lutte était son élément. Et il a lutté avec une passion, une opiniâtreté et un succès rares. »

C'est la conquête révolutionnaire du pouvoir d'État par la classe ouvrière, « *consciente de sa propre situation, de ses besoins et des conditions de son émancipation* », qui ouvrira la porte aux dernières batailles pour construire un monde fondé non sur l'exploitation, la dégradation de la nature, l'assujettissement des femmes, le racisme et la guerre. Un monde construit plutôt sur la solidarité humaine. Un monde socialiste.

C'est ce que nous enseigne une vision longue de l'histoire.

24 novembre 2021

Le rôle du travail dans la transition du singe à l'homme

Friedrich Engels

Le travail, disent les économistes, est la source de toute richesse. Il l'est effectivement... conjointement avec la nature, qui lui fournit la matière qu'il transforme en richesse. Mais il est infiniment plus encore. Il est la condition première de toute existence humaine et il l'est à un point tel que, dans un certain sens, il nous faut dire que le travail a créé l'homme lui-même.

Il y a plusieurs centaines de milliers d'années, à un stade encore impossible à déterminer avec certitude de cette période de l'histoire de la terre que les géologues appellent l'ère tertiaire, probablement vers la fin, vivait quelque part dans la zone tropicale, vraisemblablement sur un vaste continent aujourd'hui englouti dans l'océan Indien, une race de singes anthropoïdes particulièrement développés.

Cet article de 1876, qu'Engels n'a pu terminer, a été publié en allemand pour la première fois en 1896, un an après sa mort. Engels l'a aussi inclus dans son manuscrit pour La dialectique de la nature, *publié pour la première fois en 1925.*

Charles Darwin nous a décrit de manière approximative ces singes qui sont nos ancêtres : ils étaient entièrement velus, avaient de la barbe, les oreilles pointues et ils vivaient en bandes dans les arbres.

Le pas décisif pour le passage du singe à l'homme a été franchi lorsque les singes ont commencé à perdre l'habitude de s'aider de leurs mains pour marcher en terrain plat et ont commencé à marcher debout.

Sans doute en raison de leur mode de vie, qui attribuait à leurs mains une fonction différente de celle de leurs pieds lorsqu'ils grimpaient, ces singes ont commencé à perdre l'habitude de s'aider de leurs mains pour marcher en terrain plat et ont commencé à marcher debout. Ainsi était franchi *le pas décisif pour le passage du singe à l'homme.*

Tous les singes anthropoïdes encore existants peuvent se tenir debout et se déplacer sur leurs seuls pieds, mais uniquement en cas de nécessité et de façon très maladroite. Ils marchent naturellement en position à demi verticale, ce qui implique l'usage des mains. La plupart s'appuient sur les phalanges médianes de leurs doigts repliés et balancent leur corps entre leurs longs bras, comme un boiteux qui marche avec des béquilles. En général, aujourd'hui encore, nous pouvons observer chez les singes tous les stades de transition de la marche à quatre pattes à la marche sur deux jambes. Mais aucun n'en a fait plus qu'une solution de dernier recours.

Si, chez nos ancêtres velus, la marche en position verticale devait devenir d'abord la règle et avec le temps une nécessité, cela suppose que les mains devaient s'acquitter de plus en plus d'activités différentes. Déjà chez les singes, il y a une certaine différentiation dans l'utilisation des mains et des pieds. Comme déjà mentionné, la main est utilisée autrement que le pied pour grimper. Elle sert surtout à cueillir et à tenir la nourriture, comme c'est déjà le cas chez des mammifères inférieurs avec leurs pattes de devant.

Des singes s'en servent pour construire des nids dans les arbres ou même, comme le chimpanzé, des toits entre les branches pour se protéger des éléments. Avec leurs mains, ils saisissent des bâtons pour se défendre contre des ennemis ou les bombardent avec des fruits et des pierres. En captivité, ils exécutent avec la main un certain nombre de tâches simples qu'ils ont vu l'homme accomplir.

La main n'est pas seulement l'organe du travail. Elle est aussi le produit du travail.

Mais c'est ici précisément qu'on peut voir toute la différence entre la main non développée du singe, même celui qui est le plus semblable à l'homme, et la main de l'homme, hautement perfectionnée par le travail pendant des milliers de siècles. Le nombre et la disposition générale des os et des muscles sont les mêmes chez l'un et chez l'autre ; mais la main du sauvage le plus primitif peut exécuter des centaines de tâches qu'aucune main de singe ne peut imiter. Aucune main de singe n'a jamais fabriqué le couteau de pierre le plus grossier.

Les tâches que nos ancêtres ont peu à peu appris à faire avec leurs mains, au cours de centaines de milliers d'années pendant la transition du singe à l'homme, ne pouvaient au début qu'être très simples. Les sauvages les plus primitifs, même ceux chez lesquels on peut supposer une régression à un état plus proche de l'animal accompagnée d'une régression physique, sont néanmoins bien supérieurs à ces créatures de transition. Avant que la main de l'homme ne façonne pour la première fois un couteau à partir d'un caillou, il a probablement fallu un laps de temps au regard duquel la période historique que nous connaissons apparaît insignifiante.

Mais le pas décisif était accompli : *la main s'était libérée* et pouvait désormais acquérir de plus en plus d'habiletés nouvelles. La plus grande souplesse ainsi acquise s'est transmise et a augmenté de génération en génération.

Ainsi, la main n'est pas seulement l'organe du travail, *elle en est aussi le produit*. Ce n'est que grâce au travail, grâce à l'adaptation à des tâches toujours nouvelles, grâce à la transmission héréditaire de muscles, de tendons et, à plus long terme, d'os spécialement développés et grâce enfin à l'application sans cesse renouvelée de cette amélioration héréditaire à des tâches nouvelles toujours plus compliquées, que la main de l'homme a atteint ce haut degré de perfection requis pour faire surgir les tableaux d'un Raphaël, les statues d'un Thorvaldsen, la musique d'un Paganini.

Mais la main n'était pas seule. Elle n'était qu'un des membres de tout un organisme extrêmement complexe. Ce qui profitait à la main profitait aussi au corps tout entier, au service duquel elle travaillait, et cela de deux façons.

Tout d'abord, le corps profite de la loi de corrélation de croissance, comme l'a nommée Darwin. Selon cette loi, les formes déterminées de parties distinctes d'un être organique sont toujours liées à certaines formes d'autres parties qui n'ont apparemment aucun lien avec elles.

Le travail, avec la nature qu'il transforme, est la source de toute richesse. C'est la condition première de toute existence humaine. En ce sens, on peut dire que le travail a créé l'homme lui-même.

MUSÉE NATIONAL D'HISTOIRE DE LA MONGOLIE

Représentation d'humains primitifs utilisant des outils pour allumer un feu.

Grâce au travail coopératif pendant plus de deux millions d'années, les humains ont développé leur capacité de se nourrir, leurs outils, le langage, la chasse et l'utilisation contrôlée du feu. Chaque conquête sociale a marqué une étape importante dans la capacité des êtres humains d'assurer leur subsistance.

Ainsi, tous les animaux qui ont des globules rouges sans noyau cellulaire et dont l'occiput est relié à la première vertèbre par une double articulation (condyles) ont aussi sans exception des glandes mammaires pour allaiter leurs petits. De même chez les mammifères, les sabots fourchus sont régulièrement associés à l'estomac multiple du ruminant. La modification de certaines formes entraîne la modification de forme d'autres parties du corps sans que nous puissions expliquer cette connexion. Les chats tout blancs aux yeux bleus sont toujours, ou presque toujours, sourds.

Le perfectionnement progressif de la main humaine et le développement correspondant du pied pour la marche en position verticale ont sans doute eu aussi des répercussions sur d'autres parties de l'organisme. Toutefois, cet effet est encore trop peu étudié pour qu'on puisse faire plus ici que de le constater de manière générale.

Le développement de la main a influencé de manière encore plus importante et démontrable le reste de l'organisme. Comme déjà mentionné, nos ancêtres simiesques étaient grégaires ; il est évidemment impossible de faire dériver l'homme, le plus sociable des animaux, d'un ancêtre immédiat qui ne le serait pas.

La domination sur la nature, qui a commencé avec le développement de la main et avec le travail, a élargi l'horizon de l'homme à chaque pas en avant. Il découvrait constamment des propriétés nouvelles, inconnues jusqu'alors, dans les objets naturels. D'autre part, le développement du travail a nécessairement contribué à rapprocher les membres de la société en multipliant les cas d'assistance mutuelle et de coopération et en clarifiant pour chaque individu l'utilité de cette coopération.

Bref, les hommes en devenir en sont arrivés au point où ils *avaient quelque chose à dire* les uns aux autres. Le besoin a créé son organe : le larynx non développé du singe s'est transformé lentement mais surement, de modulations en modulations toujours plus développées, et les organes de la bouche apprirent peu à peu à prononcer un son articulé après l'autre.

Cette explication de l'origine du langage à partir et au moyen du travail est la seule qui soit exacte. C'est ce que confirme une comparaison avec les animaux. Ces derniers, même les plus développés d'entre eux, ont si peu à se communiquer qu'ils peuvent très bien y arriver sans recourir au langage articulé. À l'état naturel, aucun animal ne se sent désavantagé du fait de ne pas pouvoir parler ou comprendre le langage humain.

Il en va tout autrement quand l'homme domestique l'animal. Dans leurs relations avec les hommes, le chien et le cheval ont acquis une oreille si fine pour le langage articulé qu'ils apprennent facilement à comprendre tout langage, dans les limites du champ de leur perception. Ils ont acquis en outre la faculté d'éprouver des sentiments, comme l'attachement pour les hommes, de la reconnaissance, etc., sentiments qui leur étaient autrefois étrangers ; quiconque a eu beaucoup affaire à ces animaux pourra difficilement échapper à la conviction que dans un bon nombre de cas ils ressentent *maintenant* comme un handicap le fait de ne pas pouvoir parler, un handicap auquel il n'est toutefois plus possible de remédier, étant donné la trop grande spécialisation dans une direction déterminée de leurs organes vocaux.

Mais là où l'organe existe, même cette incapacité disparaît dans certaines limites. Les organes buccaux des oiseaux sont assurément aussi différents que possible de ceux de l'homme. Les oiseaux sont pourtant les seuls animaux qui apprennent à parler.

C'est l'oiseau à la voix la plus affreuse, le perroquet, qui parle le mieux. Qu'on ne dise pas qu'il ne comprend pas ce qu'il dit. Sans doute répétera-t-il pendant des heures, en jacassant, tout son vocabulaire, par pur plaisir de parler ou de faire partie de la société des hommes. Mais, dans les limites de sa perception, il peut aussi apprendre à comprendre ce qu'il dit. Apprenez des injures à un perroquet, de sorte qu'il ait quelque idée de leur sens (un des amusements de prédilection des matelots qui reviennent des régions tropicales), excitez-le et vous verrez bien vite qu'il sait utiliser ses injures avec autant de pertinence qu'une marchande de légumes de Berlin. De même lorsqu'il s'agit de mendier des friandises.

D'abord le travail, puis avec lui, le langage, tels sont les deux stimulants essentiels sous l'influence desquels le cerveau d'un singe s'est peu à peu transformé en un cerveau d'homme.

D'abord le travail, puis avec lui, le langage, tels sont les deux stimulants essentiels sous l'influence desquels le cerveau d'un singe s'est peu à peu transformé en un cerveau d'homme, qui, malgré toute ressemblance, est bien plus grand et perfectionné.

Le développement du cerveau est allé de pair avec le développement de ses outils les plus immédiats, les organes des sens. De même que le développement progressif du langage s'accompagne nécessairement d'un perfectionnement correspondant de l'organe de l'ouïe, de même le développement du cerveau s'accompagne en général de celui de tous les sens.

L'aigle voit beaucoup plus loin que l'homme, mais l'oeil de l'homme discerne bien plus dans les choses que celui de l'aigle. Le chien a le nez bien plus fin que l'homme, mais il ne distingue pas le centième des odeurs qui sont pour celui-ci les signes distinctifs de diverses choses. Et le sens du toucher qui, chez le singe, existe à peine dans ses rudiments les plus grossiers, ne s'est développé qu'avec la main humaine elle-même, grâce au travail.

Le développement du cerveau et des sens qui lui sont subordonnés, la clarté croissante de la conscience, la faculté d'abstraction et de raisonnement ont donné au travail et au langage une impulsion toujours renouvelée vers un développement ininterrompu.

Ce développement n'a pas cessé quand l'homme s'est définitivement séparé du singe. Il a dans l'ensemble continué à progresser énormément chez des peuples différents et à des époques différentes, à des degrés divers et dans des directions différentes, s'interrompant même parfois çà et là par une régression locale ou temporaire. Il a été fortement stimulé et orienté dans des directions plus précises par un nouvel élément qui est apparu avec l'homme pleinement achevé : *la société.*

Des centaines de milliers d'années, l'équivalent dans l'histoire de la terre d'une seconde dans la vie de l'homme, ont dû s'écouler avant que la société humaine émerge de la bande de singes qui grimpaient aux arbres *. Mais elle est

* Une éminente autorité dans ce domaine, Sir William Thomson, a calculé qu'il ne pouvait pas s'être écoulé *beaucoup plus de cent millions d'années* depuis le temps où la terre a été assez refroidie pour que des plantes et des animaux puissent y vivre. — FRIEDRICH ENGELS

[Les scientistes estiment aujourd'hui que la terre s'est formée il y a 4,5 milliards d'années et que les premières formes de vie sont apparues entre 700 millions et un peu plus d'un milliard d'années plus tard. Les conclusions d'Engels demeurent cependant justes.]

finalement apparue. Et que trouvons nous encore comme la différence caractéristique entre le troupeau de singes et la société humaine ? *Le travail.*

Le troupeau de singes se contentait de profiter de l'aire de nourriture que lui imposaient la situation géographique ou la résistance de troupeaux voisins ; il entreprenait des excursions ou des combats afin de se procurer une nouvelle aire de nourriture, mais il était incapable de tirer de son domaine alimentaire plus que celui-ci offrait naturellement, hormis le fait qu'il l'engraissait inconsciemment avec ses excréments. Dès que toutes les aires d'alimentation étaient occupées, la population de singes ne pouvait continuer à croître. Le nombre d'animaux pouvait tout au plus rester constant.

Mais tous les animaux gaspillent beaucoup de nourriture et en outre détruisent en germe la nouvelle génération d'aliments. Contrairement au chasseur, le loup n'épargne pas la chevrette qui lui fournirait des petits l'année suivante. En Grèce, les chèvres qui broutent les jeunes broussailles avant qu'elles ne poussent ont dévasté toutes les montagnes du pays.

Cette « déprédation » de la nature par les animaux joue un rôle important dans la transformation progressive des espèces, en les obligeant à s'accoutumer à une nourriture autre que la nourriture habituelle, grâce à quoi leur sang acquiert une autre composition chimique et leur constitution physique tout entière change peu à peu, tandis que les espèces qui ne s'adaptent pas dépérissent.

Il n'y a pas de doute que cette déprédation a puissamment contribué à la transition de nos ancêtres de singe en homme. Elle a sans doute entraîné une augmentation du nombre des plantes et une meilleure utilisation des parties comestibles de ces plantes par une race de singes surpassant de loin toutes les autres quant à l'intelligence et à la capacité d'adaptation. La nourriture est ainsi devenue de plus en plus variée tout comme les substances qui entraient dans l'organisme, créant ainsi les conditions chimiques pour la transformation en homme.

Mais tout cela n'était pas encore du travail proprement dit. Le travail commence avec la fabrication d'outils. Or quels sont les outils les plus anciens, si on en juge par les reliques des hommes préhistoriques et d'après le mode de vie des premiers peuples de l'histoire ainsi que des sauvages actuels les plus primitifs ? Ce sont des outils de chasse et de pêche, les premiers servant en même temps d'armes. Mais la chasse et la pêche supposent la transition d'une alimentation purement végétarienne à la consommation concomitante de viande. Il s'agit alors d'un nouveau pas essentiel dans la transition du singe à l'homme.

L'alimentation carnée contenait, presque toutes prêtes, les substances les plus essentielles dont le corps a besoin pour son métabolisme. Elle réduisait la durée de la digestion et autres processus végétatifs analogues à ceux des plantes et gagnait ainsi plus de temps, plus de matière et plus d'envie pour l'activité véritable de la vie animale. Et plus l'homme en devenir s'éloignait du règne végétal, plus il s'élevait aussi au-dessus de l'animal.

De même que l'accoutumance à la nourriture végétale à côté de la viande a fait des chats et des chiens sauvages les serviteurs de l'homme, de même l'accoutumance à la nourriture carnée à côté de l'alimentation végétale a largement contribué à donner la force physique et l'indépendance à l'homme en devenir. Mais la chose la plus essentielle a été l'effet de la nourriture carnée sur le cerveau, vers lequel affluaient de façon plus copieuse qu'avant les éléments nécessaires à son alimentation et à son développement. Le cerveau a ainsi pu se développer et se perfectionner plus rapidement de génération en génération.

N'en déplaise à Messieurs les végétariens, l'homme ne s'est pas développé en homme sans régime carné. De plus, même si le régime carné a conduit au cannibalisme, à telle ou telle période, tous les peuples que nous connaissons (les ancêtres des Berlinois, les Wélétabes ou Wilzes, mangeaient encore leurs parents au 10e siècle), cela n'a plus aucune importance pour nous aujourd'hui.

Le régime carné a conduit à deux nouveaux progrès d'importance décisive : la maîtrise du feu et la domestication des animaux. La maîtrise du feu a raccourci encore plus le processus de digestion en pourvoyant la bouche d'une nourriture déjà pour ainsi dire à moitié digérée. La domestication des animaux a rendu la viande plus abondante en lui ouvrant, à côté de la chasse, une source nouvelle et plus régulière d'approvisionnement. Elle a de plus fourni avec le lait et ses produits un assortiment de substances de valeur nutritionnelle au moins équivalente.

Chacune représentait en soi un nouveau moyen d'émancipation pour l'homme. Pour décrire en détail les effets qu'elles ont eus sur le développement de l'homme et de la société, il faudrait nous éloigner trop de notre sujet.

Tout comme l'homme a appris à manger tout ce qui était comestible, il a aussi appris à vivre sous tous les climats. Il a peu à peu occupé toute la terre habitable, lui qui était le seul animal à pouvoir le faire volontairement. Les seuls autres animaux qui ont aussi appris à vivre sous tous les climats, les animaux domestiques et la vermine, n'y sont pas arrivés par eux-mêmes, mais seulement en suivant l'homme.

Le passage de leur territoire d'origine, avec la chaleur constante de son climat, vers des régions plus froides, où l'année se partageait en hiver et en été, a créé de nouveaux besoins : un logement et des vêtements pour se protéger du froid et de l'humidité. Il a ainsi créé de nouveaux secteurs de travail et, par conséquent, de nouvelles activités, qui distinguaient de plus en plus l'homme de l'animal.

CHRONOLOGIE DE L'ÉVOLUTION HUMAINE

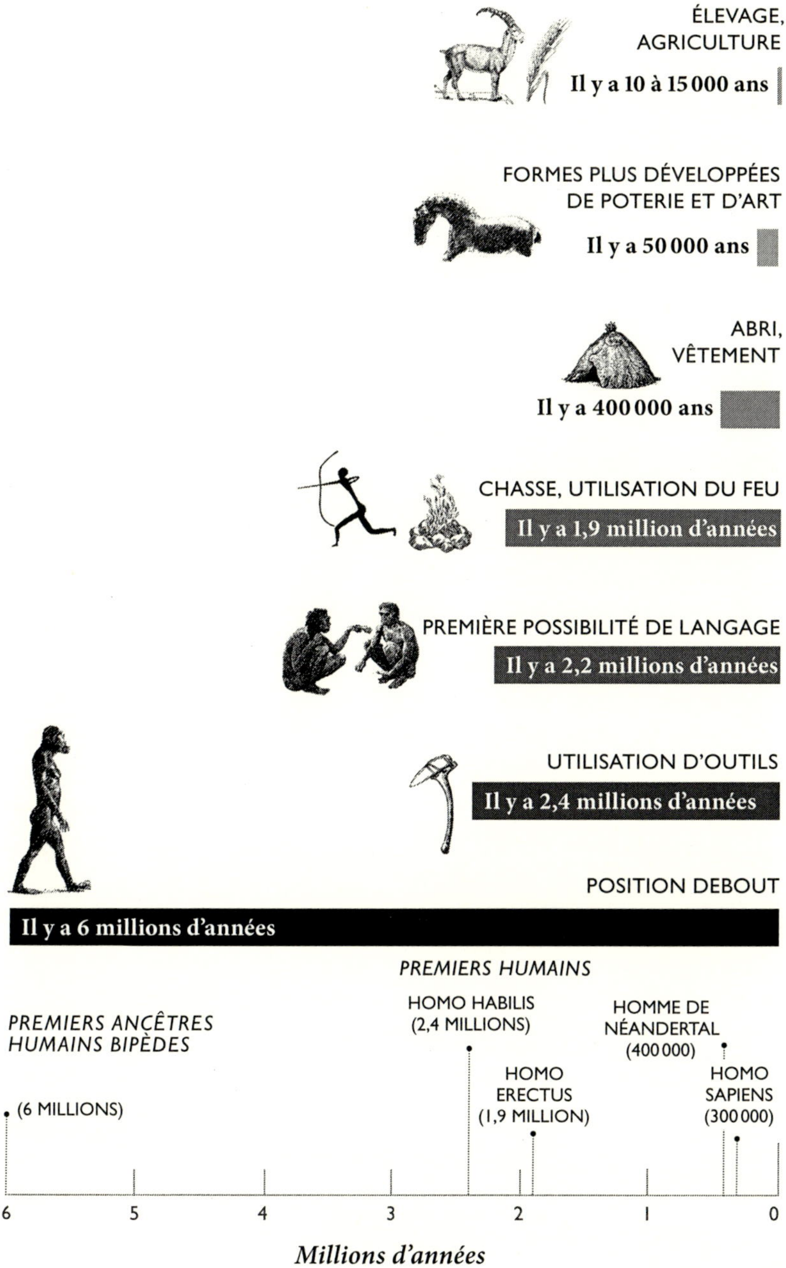

Grâce au fonctionnement conjugué de la main, des organes de la parole et du cerveau, non seulement chez chaque individu, mais aussi dans la société, les êtres humains furent à même d'accomplir des tâches de plus en plus complexes, de fixer et d'atteindre des objectifs de plus en plus ambitieux. De génération en génération, le travail lui-même est devenu différent, plus achevé, plus varié.

L'agriculture s'est ajoutée à la chasse et à l'élevage. Puis sont venus le filage, le tissage, le travail des métaux, la poterie, la navigation. À côté du commerce et de l'industrie, se sont finalement ajoutés l'art et la science. Les tribus sont devenues des nations et des États. Le droit et la politique se sont développés et, avec eux, le reflet fantaisiste des choses humaines dans l'esprit humain : la religion.

Devant toutes ces créations, qui se présentaient d'abord comme des produits de l'esprit et qui semblaient dominer les sociétés humaines, les produits plus modestes du travail manuel sont passés à l'arrière-plan. D'autant plus que déjà à un stade très précoce du développement de la société (par exemple dans la famille primitive), l'esprit qui planifiait le travail pouvait faire exécuter le travail projeté par d'autres mains que les siennes propres. C'est à l'esprit, au développement et à l'activité du cerveau que fut attribué tout le mérite de la progression rapide de la civilisation.

Les hommes se sont habitués à expliquer leurs actions comme provenant de leur pensée plutôt que de leurs besoins (qui assurément se reflètent et se perçoivent dans leur esprit). C'est ainsi qu'avec le temps est née cette conception idéaliste du monde qui domine les esprits, particulièrement depuis le déclin du monde antique. Elle règne encore à tel point que même les naturalistes les plus matérialistes de l'école de Darwin ne peuvent toujours pas se faire une idée claire de l'origine de l'homme, car influencés par cette idéologie, ils ne reconnaissent pas le rôle qu'y a joué le travail.

Les animaux, comme nous l'avons déjà indiqué, modifient l'environnement par leur activité aussi bien que l'homme, bien que dans une mesure moindre et, comme nous l'avons vu, ces changements dans leur milieu influent à leur tour sur leurs auteurs et les modifient. Car rien dans la nature n'arrive isolément. Tout agit sur le reste et inversement. C'est parce que la plupart du temps ils oublient ce mouvement et cette interaction multiformes que nos naturalistes n'arrivent pas à y voir clair dans les choses les plus simples.

Même les naturalistes de l'école de Darwin n'ont aucune idée claire de l'origine de l'homme parce qu'ils ne reconnaissent pas le rôle qu'y a joué le travail.

Nous avons vu comment les chèvres ont empêché le reboisement de la Grèce. Sur l'île Sainte-Hélène [dans l'océan Atlantique], les chèvres et les porcs amenés à terre par les premiers matelots ont réussi à détruire presque entièrement l'ancienne végétation de l'île et ont préparé le terrain pour la propagation des plantes apportées plus tard par des navigateurs et des colons.

Mais les animaux n'exercent une influence durable sur leur environnement qu'involontairement et, pour ces animaux, il s'agit de quelque chose d'accidentel. Or, plus les hommes s'éloignent des animaux, plus leur influence sur la nature assume le caractère d'une activité réfléchie, méthodique, avec des objectifs ciblés, connus d'avance.

« Notre être social détermine notre conscience »

Dans la production sociale de leur existence, les hommes entrent en des rapports déterminés, nécessaires, indépendants de leur volonté, rapports de production qui correspondent à un degré de développement déterminé de leurs forces productives matérielles.

L'ensemble de ces rapports de production constitue la structure économique de la société, la base concrète sur laquelle s'élève une superstructure juridique et politique et à laquelle correspondent des formes de conscience sociales déterminées.

Le mode de production de la vie matérielle conditionne le processus de vie social, politique et intellectuel en général. Ce n'est pas la conscience des hommes qui détermine leur être ; c'est inversement leur être social qui détermine leur conscience.

À un certain stade de leur développement, les forces productives matérielles de la société entrent en contradiction avec les rapports de production existants ou, ce qui n'en est que l'expression juridique, avec les rapports de propriété au sein desquels elles s'étaient mues jusqu'alors.

De formes de développement des forces productives qu'ils étaient, ces rapports en deviennent des entraves. Alors s'ouvre une époque de révolution sociale. [...]

Une formation sociale ne disparaît jamais avant que soient développées toutes les forces productives qu'elle est assez large pour contenir. Jamais des rapports de production nouveaux et supérieurs ne s'y substituent avant que les conditions d'existence matérielles de ces rapports soient écloses dans le sein même de la vieille société.

KARL MARX, 1859
Contribution à la critique de l'économie politique

L'animal détruit la végétation d'une région sans savoir ce qu'il fait. L'homme la détruit pour semer de grandes cultures sur ces terres ainsi défrichées ou pour y planter des arbres et des vignes dont il sait qu'ils lui rapporteront plusieurs fois ce qu'il a semé. Il déplace des plantes utiles et les animaux domestiques d'une région à l'autre et il transforme ainsi la flore et la faune de continents entiers.

Ce n'est pas tout. Grâce à la reproduction artificielle, la main de l'homme transforme les plantes et les animaux au point qu'on ne peut plus les reconnaître. On cherche encore vainement les plantes sauvages dont descendent nos céréales. On se querelle encore pour savoir de quel animal sauvage descendent nos chiens, si différents les uns des autres, ou nos races de chevaux, tout aussi nombreuses.

D'ailleurs, il va de soi qu'il ne nous vient pas à l'idée de nier aux animaux la capacité d'agir de façon méthodique et réfléchie. Au contraire, la capacité d'agir méthodiquement existe déjà en germe partout où du protoplasme, de l'albumine vivante, existe et réagit, c'est à dire exécute certains mouvements, aussi simples soient-ils, suite à une certaine stimulation externe. Une telle réaction a lieu là où il n'existe même pas encore de cellule, encore moins, de cellule nerveuse. La façon dont les plantes insectivores capturent leur proie apparaît également, dans une certaine mesure, méthodique, bien qu'absolument inconsciente.

Chez les animaux, la capacité d'agir de façon consciente, méthodique, se développe parallèlement au système nerveux. Elle atteint chez les mammifères un niveau passablement élevé. Dans la chasse au renard en Angleterre, on peut observer chaque jour avec quelle précision le renard sait mettre à profit sa grande connaissance des lieux pour échapper à ses poursuivants et à quel point il connaît et utilise bien tous les avantages du terrain pour leur faire perdre sa piste.

Ne nous flattons pas trop de nos victoires humaines sur la nature. Pour chacune de ces victoires, la nature se venge sur nous.

Chez nos animaux domestiques, qui ont évolué davantage grâce à leur contact avec l'homme, on peut régulièrement observer des actes malins qui se situent tout à fait au même niveau que ceux des enfants. Car, de même que l'histoire de l'évolution de l'embryon humain dans le ventre de sa mère ne représente qu'une répétition abrégée de l'histoire de millions d'années d'évolution physique de nos ancêtres animaux en commençant par le ver, de même l'évolution mentale de l'enfant est une répétition, seulement encore plus raccourcie, de l'évolution intellectuelle de ces mêmes ancêtres, du moins des derniers.

Cependant, l'ensemble de l'action méthodique de tous les animaux n'a pas réussi à marquer la terre du sceau de leur volonté. Pour cela, il fallait l'homme.

Bref, l'animal se contente d'*utiliser* l'environnement. Il ne lui apporte des changements que par sa seule présence. L'homme modifie l'environnement pour servir ses objectifs. Il le *domine*. C'est finalement ce qui distingue essentiellement l'homme et le reste des animaux. C'est encore le travail qui rend cela possible.

Cependant, ne nous flattons pas trop de nos victoires humaines sur la nature. Pour chacune de ces victoires, la nature se venge sur nous. Chaque victoire a certes en premier lieu les conséquences que nous avons escomptées, mais en second et en troisième lieu, elle a des effets complètement différents, imprévus, qui trop souvent à leur tour annulent les premières conséquences.

Les gens qui, en Mésopotamie, en Grèce, en Asie mineure et ailleurs, essartaient les forêts pour obtenir de la terre arable ne pouvaient imaginer qu'en détruisant les forêts, ces centres d'accumulation et de conservation de l'humidité, ils jetaient ainsi les bases de l'actuelle désolation de ces pays.

Quand les Italiens sur le versant sud des Alpes ont abattu les forêts de sapins qu'ils avaient conservées avec tant de soins sur le versant nord, ils n'avaient aucune idée qu'ils détruisaient ainsi toute possibilité de développer des fromageries dans la région. Ils soupçonnaient encore moins que ce faisant ils privaient d'eau leurs sources de montagne pendant la plus grande partie de l'année et que celles-ci, à la saison des pluies, pouvaient déverser sur la plaine des torrents d'autant plus ravageurs.

Ceux qui ont répandu la pomme de terre en Europe ne savaient pas qu'avec les tubercules farineux ils répandaient en même temps la scrofule *.

Nous redécouvrons ainsi à chaque pas que nous ne régnons nullement sur la nature comme un conquérant règne sur un peuple étranger, comme quelqu'un qui se situe en

* Probablement une forme de tuberculose. Il s'agit d'une croyance alors très répandue, mais réfutée depuis.

Les planteurs espagnols à Cuba brûlaient les forêts des montagnes et utilisaient la cendre pour rendre leurs caféiers très rentables. Que leur importait que les pluies tropicales emportent ensuite la couche arable non protégée ?

À droite : Déforestation dans le Brésil colonial, début du 19e siècle.

Les capitalistes, écrit Engels, « ne considèrent principalement que le résultat premier » de leurs actions, que leurs profits, et non les effets à long terme.

À gauche : Des travailleurs de pépinière s'occupent de jeunes arbres, Las Tunas, Cuba, 2016. Protéger l'environnement y est une priorité pour les travailleurs et leur gouvernement révolutionnaire. Environ 95 pour cent des forêts du pays sont protégées : le taux le plus élevé au monde.

dehors de la nature, mais que nous lui appartenons avec notre chair, notre sang et notre cerveau, que nous existons en son sein et que toute notre domination sur elle réside dans l'avantage, que nous avons sur l'ensemble des autres créatures, de connaître ses lois et de pouvoir nous en servir judicieusement.

Et en fait, nous apprenons chaque jour à mieux comprendre ses lois et à reconnaître les effets plus immédiats et ceux à plus long terme de nos interventions dans le cours normal de la nature. Surtout, les énormes progrès des sciences de la nature au cours de ce siècle nous permettent de mieux connaître les effets naturels à plus long terme de nos activités productives, au moins des plus courantes, et ainsi d'apprendre à les maîtriser.

Mais plus cela progressera, plus les hommes non seulement sentiront, mais sauront à nouveau qu'ils ne font qu'un avec la nature. La notion absurde et contre nature qu'il y a une contradiction entre l'esprit et la matière, l'homme et la nature, l'âme et le corps, une notion qui s'est répandue en Europe depuis le déclin de l'antiquité classique et qui a connu avec le christianisme son développement le plus poussé, deviendra alors plus inconcevable.

S'il nous a fallu le travail de milliers d'années pour apprendre tant bien que mal à calculer les effets *naturels* à plus long terme de nos activités productives, ce fut bien plus difficile encore pour en saisir les effets *sociaux* à plus long terme.

Nous avons déjà mentionné la pomme de terre et la propagation de la scrofule qui l'a suivie. Mais qu'est-ce que la scrofule à côté des effets qu'a eus la réduction de la nourriture de la population laborieuse aux seules pommes de terre sur les conditions de vie des masses populaires de pays entiers ? Qu'est-ce que la scrofule à côté de la famine qui s'est abattue sur l'Irlande en 1847, à la suite de la maladie de la pomme de terre, une famine qui a entraîné la mort d'un million d'Irlandais, qui se nourrissaient exclusivement ou presque exclusivement de ces tubercules, et qui a poussé deux millions d'autres à émigrer de l'autre côté de l'océan ?

Lorsque les Arabes ont appris à distiller l'alcool, il ne leur est pas venu à l'esprit qu'ils venaient de créer une des principales armes pour détruire les populations autochtones de l'Amérique non encore découverte. Lorsqu'ensuite Christophe Colomb a découvert l'Amérique, il ne savait pas qu'il donnait ainsi un second souffle à l'esclavage, depuis longtemps disparu en Europe, et qu'il jetait les bases pour la traite des Noirs.

Les hommes qui, au 17e et au 18e siècles, ont travaillé à fabriquer la machine à vapeur ne se doutaient pas qu'ils préparaient l'instrument qui, plus que tout autre, allait révolutionner les conditions sociales du monde entier. En particulier en Europe, en concentrant les richesses du côté de la minorité et le dénuement du côté de l'immense majorité, cette machine allait d'abord assurer à la bourgeoisie la domination sociale et politique. Plus tard, elle allait engendrer entre la bourgeoisie et le prolétariat une lutte de classes qui ne peut se terminer qu'avec la chute de la bourgeoisie et la suppression de tous les antagonismes de classe.

Mais, même dans ce domaine, au prix d'une longue et souvent dure expérience et grâce à la confrontation et à l'étude des données historiques, nous apprenons peu à peu à élucider les effets sociaux indirects et à plus long terme de notre activité productive. Nous acquérons ainsi la capacité d'en maîtriser et d'en régler les effets. Mais cette régulation exige plus que la simple connaissance.

Elle exige une révolution complète de notre mode de production actuel et, avec lui, de tout notre ordre social contemporain.

Jusqu'à maintenant, tous les modes de production ont simplement cherché à obtenir l'efficacité la plus directe, la plus immédiate du travail. On négligeait entièrement les conséquences ultérieures, celles qui n'apparaîtraient que plus tard, qui n'entreraient en jeu que du fait de la répétition et de l'accumulation progressives.

La propriété originale commune du sol correspondait d'une part à un stade de développement des hommes qui limitait tout leur horizon à ce qui était le plus immédiat et supposait d'autre part une certaine abondance de sol disponible, laissant une certaine marge pour parer aux mauvais résultats éventuels de cette économie très primitive. Une fois cet excédent de sol épuisé, la propriété commune périclitait elle aussi.

Toutes les formes supérieures de production ont abouti à diviser la population en classes différentes et ainsi à opposer les classes dirigeantes aux classes opprimées. Les intérêts de la classe dirigeante sont devenus l'élément moteur de la production, dès que la production elle-même ne se limitait plus à fournir aux opprimés les moyens de subsistance les plus élémentaires.

C'est le mode de production capitaliste, actuellement dominant en Europe occidentale, qui a réalisé cela de la façon la plus complète. Les capitalistes individuels, qui règnent sur la production et l'échange, ne se soucient que de l'effet le plus immédiat de leurs actions. Même l'effet de ces actions sur l'utilité de l'article fabriqué ou échangé passe entièrement au second plan ; le profit à réaliser par la vente devient le seul mobile.

L'économie politique classique, la science sociale de la bourgeoisie, ne s'occupe principalement que des effets sociaux immédiatement recherchés des actions humaines dans les domaines de la production et de l'échange. Cela correspond tout à fait à l'organisation sociale dont cette économie politique est l'expression théorique.

Pour contrôler les effets sociaux de notre activité productive, il faudra une révolution dans notre mode de production et dans tout l'ordre social.

CONSEIL D'ÉTAT DE CUBA

GRANMA

Depuis le début des années 60, la révolution socialiste à Cuba a montré ce que les travailleurs et les agriculteurs peuvent accomplir en prenant le pouvoir d'État et en l'utilisant dans l'intérêt de la grande majorité de la population.

En haut : La Havane, août 1960. Des milliers de Cubains jettent à la mer des cercueils portant le nom de compagnies impérialistes et demandent au gouvernement de nationaliser les propriétés des impérialistes des États-Unis et d'ailleurs.

En bas : « Les travailleurs au pouvoir », disent les travailleurs à La Havane, le 1er mai 1961.

Comme le capitaliste individuel ne s'engage dans la production et l'échange que pour le profit immédiat, il ne peut considérer au premier chef que les résultats les plus proches, les plus immédiats. Pourvu qu'individuellement le fabricant ou le négociant vende la marchandise produite ou achetée avec le petit profit d'usage, il est satisfait et ne se préoccupe pas de ce qu'il advient ensuite de la marchandise et de son acheteur. Il en va de même des effets naturels de ces actions.

Les planteurs espagnols à Cuba qui avaient incendié les forêts sur les pentes et qui avaient trouvé dans les cendres assez d'engrais pour une génération d'arbres à café extrêmement rentables, que leur importait que les averses tropicales emportent ensuite la couche de terre arable désormais sans protection, ne laissant derrière elles que les rochers nus ?

Vis-à-vis de la nature comme de la société, le mode de production actuel ne considère principalement que le résultat le plus proche, le plus tangible.

On s'étonne ensuite quand les répercussions à plus long terme de ces actions sont tout autres, le plus souvent tout à fait opposées.

Quand l'harmonie entre l'offre et la demande se convertit en son opposé polaire, comme le démontre le déroulement de chaque cycle industriel décennal et comme l'Allemagne en a eu un petit avant-goût avec le « krach » [la crise financière mondiale de 1873 et les années de dépression économique qui ont suivi].

Quand la propriété privée reposant sur le travail personnel évolue nécessairement vers l'absence de propriété des travailleurs, tandis que toute richesse se concentre de plus en plus entre les mains de ceux qui ne travaillent pas. Quand ... [*Le manuscrit s'interrompt ici.*]

Comment l'humanité est parvenue à la civilisation

George Novack

Je me propose tout d'abord de retracer les principaux éléments du développement humain, depuis nos lointains ancêtres animaux jusqu'à maintenant, alors que l'humanité est devenue le seigneur de la terre mais qu'elle est toujours incapable de maîtriser ses propres créations sans parler de son propre système social. Ensuite, je décrirai les aspects principaux de l'évolution dans ce segment spécifique de la société qui occupe une grande partie de l'Amérique du Nord et qui représente la forme la plus développée de la société capitaliste.

J'essaierai de montrer non seulement comment notre histoire nationale aux États-Unis est liée au développement mondial mais aussi comment nous nous insérons collectivement et individuellement dans ce tableau. Il s'agit

---

Ceci est le premier de deux exposés présentés en septembre 1955, près de Los Angeles, lors d'un campement-école de la côte Ouest organisé par le Parti socialiste des travailleurs.

d'une entreprise vaste et audacieuse, une sorte de périple en avion-fusée dans la stratosphère de l'histoire mondiale. Cette démarche nous est imposée non seulement par le besoin de comprendre toute la vaste étendue des événements et de saisir la place spécifique que nous y occupons, mais aussi par la dynamique même de la théorie scientifique en sociologie, dont l'expression la plus élevée est le marxisme. Le mouvement basé sur le socialisme scientifique, qui se prépare pour le futur avec une grande énergie, doit également étudier à fond le passé.

~

Je commencerai par l'histoire politique d'un individu. En janvier 1935, parut un livre qui a donné le ton à une série de réflexions sur les tendances de notre époque. Il a grandement influencé les intellectuels radicalisés de ce pays jusqu'au début de la deuxième guerre mondiale. Ce livre, dont l'auteur était Vincent Sheean, s'intitulait *Personal History*. Par cette autobiographie, l'auteur cherchait sérieusement à comprendre à quoi conduisaient les événements historiques qui avaient marqué sa génération et quelle attitude il devait adopter face au courant principal et aux contre-courants de cette histoire.

Vincent Sheean y décrivait comment il avait débuté comme étudiant inculte à l'Université de Chicago à la fin de la première guerre mondiale. Il en savait aussi peu sur les forces fondamentales à l'oeuvre dans le monde à cette époque que les millions de personnes aujourd'hui qui sont enfermées dans un provincialisme similaire. Comme il l'a fait remarquer :

> Le système bourgeois empêchait autant que possible tous ses enfants de comprendre les processus du développement humain et, dans mon cas, il a admirablement réussi.

> Peu d'Hottentots [les *khoïkhoï* d'Afrique australe] ou d'insulaires du Pacifique Sud auraient pu être moins bien préparés à la vie dans le grand monde que je l'étais à 21 ans.

Ce candide Américain est parti à l'étranger en tant que journaliste et a appris des grands événements des années 20. Il a observé les effets de la première guerre mondiale et de la révolution russe ; il a été témoin de l'agitation au Proche-Orient, au Maroc et en Palestine, événements qui annonçaient les vastes bouleversements coloniaux qui ont suivi la deuxième guerre mondiale. Il a également été témoin de la deuxième révolution chinoise de 1926-1927, à laquelle il a participé marginalement avant qu'elle soit défaite. Ses expériences ont culminé avec l'effondrement économique du capitalisme après 1929 et la propagation du fascisme en Europe.

Ces bouleversements ont tiré Vincent Sheean de sa torpeur. Ils lui ont ouvert les yeux et l'ont poussé vers le marxisme et le mouvement socialiste révolutionnaire. Il a été emporté dans le tourbillon de ce début d'effondrement de la civilisation capitaliste, qu'il a commencé à reconnaître comme tel. Ces grands événements sociaux, économiques et politiques ont révélé la fausseté des idées sur le monde que son éducation de classe moyenne dans le Midwest lui avait inculquées et l'ont poussé à les rejeter.

Vincent Sheean a trouvé dans le marxisme l'explication la plus convaincante des processus de développement social et de ce qui a causé les événements décisifs de son époque. Il a été inspiré par sa capacité à répondre à la question qui assaille toute personne consciente : quel rapport y a-t-il entre ma propre vie et celle de ceux qui m'ont précédé sur cette terre, celle de tous mes contemporains et celle des innombrables générations qui me succèderont ?

Des considérations scientifiques, politiques et morales se sont associées pour l'attirer vers la science du mouvement socialiste. Vincent Sheean admirait le marxisme, a-t-il souligné, parce qu'il adoptait une « vision longue ». Il n'a pas inventé cette expression mais l'a empruntée à un participant à la lutte. Ce qui guidait ou devait guider les marxistes, a-t-il noté, ce n'étaient pas des visions partielles ou des considérations épisodiques mais une intelligence plus large de toute l'évolution biologique et des réalisations humaines.

La synthèse générale de l'histoire qu'offre le marxisme contrastait fortement avec le point de vue terre-à-terre qu'il avait acquis dans le Midwest. Les États-Unis disposaient des plus récents gadgets mais étaient dominés par de très vieilles idées sur l'évolution sociale.

Vincent Sheean avait saisi l'une des caractéristiques remarquables de ce système de pensée qui porte le nom de son créateur, Karl Marx. De toutes les doctrines de l'évolution et de la révolution, le socialisme scientifique est la plus cohérente, la plus complète et la plus profonde. Dans la mesure où cela est possible, la « vision longue » qu'il présente est la marche de l'humanité dans toute son étendue, dans sa réalité actuelle et ses conséquences ultimes.

Quelle était cette vision longue qui a attiré Vincent Sheean et tant de millions de personnes avant lui et depuis ? Que peut nous apprendre une étude de l'évolution par les méthodes matérialistes du marxisme sur la façon dont se produisent les changements dans ce monde ?

Nous pouvons distinguer quatre points d'inflexion critiques dans la chronologie de l'évolution. Le premier a été l'origine de notre planète, il y a environ trois ou quatre milliards d'années. Le second a été l'émergence de la vie sous la forme de simples organismes marins unicellulaires, il y a environ deux milliards et demi d'années. (Il ne s'agit là que de dates approximatives mais communément admises à l'heure actuelle). Le troisième a été l'apparition des premiers animaux vertébrés il y a environ 400 à 500 millions d'années. Le dernier a été l'évolution de ce qui allait devenir l'espèce humaine au cours des six derniers millions d'années environ.

Commençons par le troisième grand chapitre de ce panorama historique : les premières espèces de poissons. Le Musée américain d'histoire naturelle a préparé un tableau qui décrit les principaux stades de l'évolution organique depuis le premier poisson jusqu'à nous, la forme la plus élevée des mammifères. La colonne vertébrale introduite par le poisson a été l'une des structures de base pour l'évolution vers des formes supérieures.

L'*Astraspis*, comme on appelle l'un des premiers vertébrés, a vécu à l'ère paléozoïque près de ce qui est aujourd'hui la ville de Cañon City au Colorado, où on en a trouvé des traces dans des dépôts du delta. Cette espèce qui vivait en Amérique, il y a entre 400 et 500 millions d'années, était très révolutionnaire pour son temps. Voici ce que Brian Curtis, réputé dans ce domaine, écrit à propos de ce développement dans *Life Story of the Fish* :

> Un animal qui possède une colonne vertébrale ne peut nous étonner aujourd'hui. Mais lorsque le premier poisson est apparu sur la Terre, il y a environ 500 millions d'années d'après les données géologiques, il a pu paraître miraculeux. Il était le tout dernier modèle dans le développement animal, une expérience radicale, dont on pourrait presque dire qu'elle était téméraire, entreprise par cette force que nous aimons appeler Mère nature.

Qu'avait-il donc de si « radical » ?

> Jusqu'alors aucune créature n'était apparue avec les parties dures à l'intérieur plutôt qu'à l'extérieur. [...] On aurait pu croire que la nature avait tout repensé, qu'elle avait abandonné toutes ses méthodes antérieures et qu'elle avait produit du jour au lendemain quelque chose d'absolument nouveau et inédit.

Bien que le poisson ait conservé une partie de son ancienne armure, l'acquisition d'une épine dorsale a été décisive du point de vue de l'évolution. Elle a transformé le poisson en un animal fondamentalement différent de tout ce qui avait existé jusqu'alors. Ce nouveau vertébré *a surgi de* l'ancien et l'*a surpassé*. Mais ce n'est pas tout. Il a ensuite conquis de nouveaux domaines d'existence et d'activité. La caractéristique la plus révolutionnaire de ce poisson a été de devenir le point de départ de toute la hiérarchie des animaux vertébrés.

Ces premiers vertébrés ont ensuite évolué. Du poisson aux amphibiens (qui vivent aussi bien dans l'eau que sur la terre ferme), en passant par les reptiles, ils se sont finalement transformés en créatures à sang chaud : les oiseaux et les mammifères. L'humanité est aujourd'hui la forme la plus avancée du développement des mammifères. Toutes les autorités scientifiques acceptent cette évolution animale comme un fait.

Mais ces idées et ces faits, très largement reconnus aujourd'hui, étaient hier des idées subversives. Nous adoptons volontiers cette vision scientifique de l'évolution organique sans nous rendre compte que ce que nous prenons pour acquis fait partie d'un bouleversement dans la pensée humaine sur le monde et sur les animaux qui s'y trouvent. Ce bouleversement ne s'est produit à une échelle de masse

Le trait le plus révolutionnaire du poisson était sa colonne vertébrale. Ce fut le point de départ pour toutes les espèces subséquentes.

Pendant des millions d'années, les vertébrés ont évolué, des poissons aux amphibiens, reptiles, oiseaux et mammifères.

Ci-dessus : Le *Tiktaalik,* un poisson d'eau douce, vivait il y a 375 millions d'années. Ses fossiles ont permis de mieux connaître l'évolution, des poissons aux animaux terrestres.

qu'au cours du siècle dernier. Rappelons, par exemple, qu'il y a à peine quelques générations, le mythe biblique de la création prévalait encore dans le monde occidental.

Deux faits concernant les vertébrés méritent une attention spéciale. Premièrement, le fait que les parties osseuses du poisson soient passées de l'extérieur vers l'intérieur a constitué une forme qualitativement nouvelle de structure organique, une rupture dans la continuité de développement, un saut vers un niveau d'existence plus élevé. Tous les biologistes reconnaissent ce fait.

Mais ce fait a une signification plus profonde. Il nous en apprend beaucoup sur les méthodes par lesquelles apparaissent les changements au cours de l'évolution en général. Il montre comment, à un point critique des changements qui se sont accumulés à l'extérieur et à l'intérieur d'un organisme, ses éléments antagoniques finissent par détruire l'ancienne forme de son existence et l'évolution en arrive graduellement jusqu'à faire un saut vers un niveau de développement qualitativement nouveau et historiquement supérieur. Cela est vrai non seulement pour les espèces organiques mais aussi pour les formations sociales et les systèmes de pensée.

Ce revirement radical est évident dans le cas de l'apparition et de l'évolution du poisson et dans le cas de l'émergence d'espèces plus avancées qui l'ont surpassé. Mais beaucoup de gens ont plus de difficulté à accepter une telle conclusion lorsqu'il s'agit de la transformation d'une organisation sociale inférieure vers une organisation sociale supérieure. Cette réticence à appliquer systématiquement les leçons de l'évolution à toutes les choses et surtout au système social capitaliste dans lequel nous vivons découle du fait que les dirigeants capitalistes sont bien déterminés à défendre leurs intérêts de classe puissants, mais obsolètes et mesquins, contre des forces de classe opposées et contre des idées rivales qui visent à créer un ordre des choses véritablement nouveau.

Le deuxième point à souligner est le fait que le poisson, comme premier vertébré, occupe une place spécifique dans la séquence évolutive des organismes. C'est un maillon dans la chaîne des formes de vie, qui s'étend des protozoaires unicellulaires aux organismes les plus complexes. Cette première créature à épine dorsale a évolué à partir d'une foule de créatures qui n'avaient jamais possédé une telle structure squelettique. À son tour, elle a donné naissance à des ordres supérieurs qui avaient cette structure et bien d'autres caractéristiques nouvelles.

Aussi contradictoire que cela puisse paraître, de nombreux universitaires et scientifiques qui acceptent les étapes de l'évolution des espèces organiques comme un fait démontré, refusent de reconnaître l'existence de lois semblables pour les formes changeantes d'organisations sociales. Ils refusent de reconnaître qu'il y ait eu ou qu'il puisse y avoir une séquence quelconque, définie et perceptible, dans le développement social de l'humanité, analogue aux différentes phases du passage des invertébrés aux poissons, puis aux reptiles et aux mammifères, jusqu'à l'avènement de l'humanité.

Ce scepticisme est particulièrement prononcé aujourd'hui chez les sociologues de notre propre pays. Les penseurs de ce type savent bien sûr que de nombreux changements se sont produits à travers l'histoire, que l'on trouve de nombreuses formations sociales diverses dans les domaines de l'anthropologie, de l'archéologie, de l'histoire, de la sociologie et de la politique.

Ce qu'ils nient, c'est que ces manifestations typiques de la vie sociale puissent, ou même qu'elles doivent, être placées dans un ordre déterminé de développement historique, dans lequel chacune trouve sa place du début à la fin, de la moins élevée à la plus élevée, selon la productivité du travail social. Ils enseignent que toutes les formes de cultures et de modes de vie sont simplement différentes les unes des autres et qu'il est impossible ou inutile d'essayer de déterminer dans quelle séquence régulière ou suite ordonnée elles ont surgi.

Ce point de vue et cette méthode sont totalement anti-évolutionnistes, antiscientifiques et fondamentalement réactionnaires. Mais cela se comprend. Nier la possibilité de découvrir un ordre dans l'apparition des structures sociales provient, si vous me permettez l'analogie, de la résistance des invertébrés d'aujourd'hui aux vertébrés du futur qui, eux, représentent une forme supérieure d'organisation et sont destinés à les supplanter dans la lutte pour la survie sociale.

L'histoire de l'évolution elle-même, en commençant par l'ascension du poisson, réfute très efficacement ce conservatisme tenace. Le premier vertébré a été suivi de six autres formes progressives de poissons au cours des 100 millions d'années suivantes. Le poisson le plus avancé vivait en eau douce. C'était un carnivore de taille moyenne dont on a trouvé des fossiles au Canada. Bien que ce spécimen ait passé une grande partie de sa vie dans l'eau, il a acquis de nombreuses fonctions lui permettant de vivre sur terre.

Comme on le sait, les poissons vivent normalement dans l'eau, ils respirent par des branchies et ont des nageoires. Du point de vue des caractéristiques naturelles bien définies du poisson, il était inconvenant que les amphibiens sortent de l'eau, rampent sur terre, respirent par des poumons et se déplacent sur des pattes.

Imaginez un poisson (si vous me suivez toujours dans cette fantasmagorie) qui regardait en arrière plutôt qu'en avant, comme le font certains poissons. Ce poisson qui regardait en arrière aurait pu crier aux amphibiens qui se déplaçaient vers l'avant : « Nous autres, les plus vieux habitants, n'avons jamais fait de telles choses auparavant ; il est impossible de les faire ; elles ne devraient pas se faire ! » Et, alors que les amphibiens persistaient à aller de l'avant, les poissons auraient pu hurler : « On ne doit pas faire ces choses-là : elles sont subversives du point de vue de l'ordre établi ! » Mais, une telle force d'inertie n'a pas empêché certaines espèces aquatiques de devenir des animaux terrestres.

La vie animale a continué à progresser à mesure que les espèces se sont modifiées et transmuées en réaction à des changements fondamentaux dans leur constitution génétique et leurs habitats naturels. Les amphibiens se sont transformés en reptiles ; ils étaient dotés de cerveaux plus développés, ils respiraient en dilatant puis comprimant leurs côtes, pondaient des oeufs, possédaient des membres pour la locomotion et des yeux bien développés. Le règne des reptiles a évolué graduellement vers celui des mammifères par le biais de formes transitoires qui présentaient des caractéristiques appartenant aux deux formes jusqu'à ce que, une fois de plus, un nouvel ordre fasse son entrée dans le monde.

L'animal originel qui a donné naissance à notre ancêtre arboricole est apparu il y a environ 135 millions d'années. C'était une créature semblable à un rongeur qui a fait un autre grand bond dans l'adaptation et l'activité évolutives en abandonnant la terre pour les arbres. La vie arboricole pendant plus de 600 000 ans a tellement modifié nos ancêtres animaux de la tête aux pieds, de leurs capacités préhensiles jusqu'à leurs dents, qu'ils se sont élevés des singes jusqu'aux singes anthropoïdes. Ces derniers sont des parents si proches de nous qu'il est difficile de distinguer leur embryon de celui des humains.

Les conditions naturelles existaient enfin pour qu'émerge le genre humain. Il est probable que des changements de climat et de condition géographique ont poussé certaines espèces de primates à descendre des arbres, à sortir des forêts et à vivre dans les plaines. Une série d'importants développements anatomiques ont ouvert la voie à l'émergence de la race humaine. Le raccourcissement de l'os pelvien a permis au primate de se tenir debout. Ses membres inférieurs et supérieurs se sont différenciés et ses mains se sont émancipées. Le volume de son cerveau a augmenté. La vision binoculaire et les organes vocaux ont rendu possibles la vue et la parole humaines.

L'organe biologique fondamental dans le développement de l'être humain a été la main. Les mains sont devenues opposées aux jambes et le pouce, opposable aux quatre autres doigts. Cette opposition entre le pouce et les autres doigts a été l'une des unions d'opposés les plus fructueuses et dynamiques de l'évolution de l'humanité. La capacité du pouce de s'opposer à chacun des autres doigts a doté la main de capacités exceptionnelles de préhension et de manipulation des objets et l'a munie d'une flexibilité et d'une sensibilité extrêmes. Cette acquisition a permis la coordination biologique de la main, de l'oeil et du cerveau. Tout cela, combiné à la période prolongée des soins maternels à la progéniture, a créé les conditions naturelles préalables à la vie sociale.

~

À ce stade, il convient de dire quelque chose à propos de l'argument le plus courant contre le socialisme : « On ne peut pas changer la nature humaine ! » Dans quelle mesure cette affirmation est-elle fondée ?

Une fois l'évolution organique acceptée comme une réalité, il faut inévitablement en déduire au moins un fait :

La nature du poisson peut changer ! Elle s'est transformée en nature de l'amphibien, du reptile, de l'oiseau, du mammifère pour finalement donner la nature humaine. Le sel dans notre corps est un rappel, parmi tant d'autres, que nous descendons de notre arrière-grand-père le poisson, qui nageait dans les océans il y a des millions d'années.

Les questions pertinentes suivantes se posent donc à ceux qui résistent au changement social : si les poissons peuvent changer ou être changés à ce point, sur quelles bases peut-on imposer des limites étroites à la capacité de changement de l'humanité ? Notre espèce aurait-elle perdu sa malléabilité, son potentiel de transformation radicale quelque part au cours de la transition du primate à l'humain ?

C'est le contraire qui s'est produit. Lors de sa transition vers l'humanité, notre espèce a non seulement conservé toutes les capacités de changement progressif inhérentes au monde animal mais elle les a multipliées à un degré infiniment plus élevé, les hissant à une toute nouvelle dimension par des voies et des moyens évolutifs inconnus auparavant.

Il a fallu entre 400 et 500 millions d'années pour créer les conditions biologiques qui ont permis l'émergence des premiers hominidés. Cela ne s'est pas produit parce que quelqu'un l'a prémédité ou l'a prévu. Ça ne s'est pas fait selon un certain plan ni avec un objectif préconçu. On pourrait dire que cela a été le résultat logique d'une série de développements aveugles et accidentels des formes de la vie naturelle. Ces formes nouvelles générées par la lutte pour la survie ont créé un type particulier de primate capable d'acquérir plus que des facultés animales.

À ce stade, il y a environ six millions d'années, s'est produite la plus radicale de toutes les transformations de la vie qui ont eu lieu sur cette planète. L'émergence

De la main à la capacité de transformer la nature

C'est le jour où, après des millénaires de lutte, la main fut définitivement différenciée du pied et l'attitude verticale enfin assurée, que l'homme se sépara du singe et que furent établies les bases du développement du langage articulé et du prodigieux perfectionnement du cerveau, qui a depuis rendu l'écart entre l'homme et le singe infranchissable.

La spécialisation de la main, voilà qui signifie *l'outil*, et l'outil signifie l'activité spécifiquement humaine, la réaction modificatrice de l'homme sur la nature, la production.

Seul l'homme est parvenu à laisser son empreinte sur la nature.

La tête a accompagné pas à pas l'évolution de la main ; d'abord vint la conscience des conditions requises pour chaque résultat pratique utile et plus tard, l'intelligence des lois naturelles qui conditionnent ces résultats utiles.

Plus les hommes s'éloignent des animaux au sens étroit du mot, plus ils font eux-mêmes consciemment leur histoire, plus diminue l'influence d'effets imprévus, de forces incontrôlées.

FRIEDRICH ENGELS, 1883
La dialectique de la nature

du genre humain a signifié quelque chose de totalement différent, qui est devenu le point de départ d'une voie de développement particulière. De quoi s'agissait-il ? Il s'agissait du passage de l'individualisme animal au collectivisme humain : de modes de comportement purement biologiques à l'usage de facultés sociales acquises.

D'où provenaient ces nouvelles facultés artificielles ? Des facultés qui ont distingué l'humanité émergente de toutes les autres espèces animales et qui ont élevé notre espèce au-dessus des autres primates, faisant ainsi du genre humain l'ordre dominant de la vie. Notre prédominance est incontestable puisque nous détenons le pouvoir de nous détruire nous-mêmes ainsi que toutes les autres formes de vie, sans parler du pouvoir de les transformer.

Les pouvoirs radicalement nouveaux qu'ont acquis les êtres humains consistaient à produire, à assurer les moyens de subsistance, grâce aux outils et au travail en commun, et à partager les résultats de cette production entre eux. Je me restreins à souligner quatre des facteurs les plus importants de ce processus.

Le premier a été un ensemble d'activités nécessaires pour obtenir des aliments et les partager.

Le deuxième a été l'utilisation, et plus tard la fabrication, d'instruments pour y parvenir.

Le troisième a été le développement du langage et du raisonnement, qui ont surgi et se sont développés grâce à la vie et au travail en commun.

Le quatrième a été l'emploi, l'apprivoisement et la production du feu. Le feu a été la première force naturelle, le premier processus chimique, que l'humanité montante a mis au service de la production sociale.

Grâce à ces nouveaux pouvoirs, l'humanité émergente a considérablement accéléré les changements au sein de notre propre espèce puis dans le monde qui nous entoure. L'histoire du dernier million d'années est essentiellement celle de la formation et de la transformation continue de l'humanité. Cela a permis à son tour de transformer le monde qui nous entoure.

Qu'est-ce qui a permis à l'humanité de se transformer et de transformer son environnement de manière aussi colossale ? Tous les changements biologiques survenus dans notre espèce au cours du dernier million d'années n'ont pas été un facteur prépondérant dans l'avancement de l'espèce humaine. Par contre, au cours de cette période, l'humanité a pris la matière première héritée de son passé animal, l'a socialisée, l'a humanisée et l'a partiellement mais pas complètement civilisée. Le développement humain, à la différence de celui des animaux, tourne autour de ces processus sociaux plutôt que biologiques.

La différence décisive entre les animaux supérieurs et nous-mêmes réside dans notre développement des moyens et des forces de production et de destruction, deux aspects d'un même phénomène.

C'est le développement des capacités productives en cours de route et en fonction des besoins croissants des humains qui est à l'origine de ce progrès. En découvrant et en utilisant les diverses propriétés et ressources du monde qui l'entoure, le genre humain a progressivement accru sa capacité de produire ses moyens de subsistance. Ce développement lui a permis d'améliorer toutes ses autres facultés sociales : celles du langage, de la pensée, de l'art, de la science, etc.

La différence décisive entre les animaux supérieurs et nous-mêmes réside dans notre développement des moyens et des forces de production et de destruction, deux aspects

Ce qui a distingué l'humanité émergente des autres espèces animales a été sa faculté de produire, la puissance du travail en commun et l'utilisation d'outils pour obtenir et partager les aliments.

Les êtres humains ont amélioré leur capacité de se nourrir en progressant au fil des millénaires, de la chasse et de la cueillette vers la domestication des animaux et la culture de plantes.

En haut : Scène de chasse et de danse, peinte entre 6000 et 3000 ans av. J.-C., dans la grotte Magura, en Bulgarie.

En bas : Agriculteurs puisant de l'eau du Nil en Égypte pour l'irrigation, environ 2000 ans av. J.-C.

d'un même phénomène. C'est ce qui explique non seulement la différence qualitative entre les êtres humains et les autres animaux mais aussi les différences spécifiques entre un certain niveau de développement humain par rapport à un autre. Ce qui distingue les peuples de l'âge de pierre de ceux de l'âge du fer, ce qui distingue la vie sauvage des sociétés civilisées, c'est la différence dans la masse totale des forces de production à leur disposition.

Ce qui se produit quand deux niveaux différents de force productive et destructive se confrontent a été clairement illustré lorsque les conquérants espagnols ont envahi l'hémisphère occidental. Les populations autochtones étaient armées d'arcs, de flèches et de frondes, les nouveaux arrivants possédaient des mousquets et de la poudre à canon. Les Autochtones disposaient de canoës et de pagaies, les Espagnols avaient de grands voiliers. Pour se protéger lors des combats, les indigènes portaient des vestes en cuir ou rembourrées, les Espagnols avaient des armures en acier. Les indigènes ne possédaient pas d'animaux de trait domestiqués et ils se déplaçaient à pied, les Espagnols allaient à cheval. Leur équipement supérieur inspirait la terreur et permettait aux *conquistadors*, en nombre inférieur, de vaincre leurs adversaires.

Nous pouvons plus facilement comprendre cette proposition de base du matérialisme historique parce que nous avons le privilège d'assister à la première étape d'une révolution technologique dont l'importance est comparable à celle de la domestication du feu il y a un demi-million d'années. Il s'agit de l'acquisition du contrôle sur les processus de fission et de fusion nucléaires. Cette prodigieuse source de puissance a déjà révolutionné les relations entre gouvernements ainsi que l'art de la guerre. Elle est sur le point de transformer l'industrie, l'agriculture, la médecine et de nombreux autres secteurs de l'activité sociale.

Qu'est-ce qui a permis cette révolution technologique ? Le genre humain n'a subi aucun changement biologique au cours de la période antérieure ni aucun changement brusque dans ses modes de pensée, ses sentiments ou ses idées morales. Cette force de production et de destruction, d'une puissance incalculable, est issue de l'ensemble du développement antérieur des forces productives de la société et de toutes les connaissances et instruments scientifiques qui leur sont liés. L'énergie atomique, avec ses capacités de production et ses capacités de destruction, est le dernier maillon de la chaîne des aptitudes acquises qui ont commencé avec les tout premiers éléments de la production sociale : le travail associé pour assurer les nécessités de la vie, l'utilisation et la fabrication d'outils, le langage, la pensée et le feu.

Revenons à notre remarquable organe : la main. L'humanité a transformé la main, que les primates utilisaient pour porter les aliments à la bouche, en un organe de préhension et de guidage des matériaux utilisés puis façonnés pour en faire des outils. La main est le prototype biologique de l'outil et de son manche. Sans elle, le travail n'aurait jamais pu apparaître ; elle en a été la source. Le passage de la main à l'outil coïncide avec la création de la société et le développement progressif de l'humanité et de ses forces latentes.

La connexion entre les outils les plus rudimentaires et les moyens matériels complexes de production du système industriel actuel a été illustrée très clairement dans un tableau préparé pour la compagnie DoAll, de Des Plaines en Illinois, qui parraine une exposition itinérante sur le thème « Comment les outils de base ont créé la civilisation ». Cette exposition, qui prétend être « la première tentative jamais réalisée de rassembler l'histoire complète des outils de l'homme », renseigne sur les étapes du progrès de la technologie.

Les premiers outils connus créés par les humains, appelés éolithes, remontent selon certains scientifiques à un million et demi d'années. Il s'agissait de morceaux de pierre brisée dont les arêtes pouvaient servir à couper la viande, gratter les peaux ou arracher des racines. Ils étaient à peine plus que de simples extensions de la main. Ils n'étaient pas conçus pour des fonctions spécifiques mais pouvaient être adaptés pour marteler, lancer, gratter, percer, couper, etc.

Au cours du stade suivant, les outils se sont améliorés selon deux axes principaux : on a rendu leurs arêtes plus tranchantes et donc plus efficaces et on les a façonnés à des fins spécifiques. Les êtres humains ont appris à tailler la pierre pour lui donner une forme prédéterminée, produisant ainsi un bord plus tranchant. Une plus grande variété d'outils de travail ont vu le jour, tels que des haches, des forets à pointe acérée, des lames tranchantes, des ciseaux et autres précurseurs des outils manuels actuels.

Ces outils ont réduit le temps nécessaire pour produire les abris et la nourriture, élevant ainsi le niveau social de la production et améliorant les conditions de vie. En outre, ces nouvelles activités productives ont développé les capacités mentales des êtres humains. La complexité des outils à usage spécifique indique le développement de la faculté de comprendre le besoin de produire les *moyens* pour atteindre une *fin*. Il fallait d'abord concevoir mentalement l'outil à usage spécifique avant de pouvoir en faire une ébauche et le construire.

Chaque perfectionnement ultérieur de l'utilisation et de la fabrication des outils a en outre permis d'économiser du temps, d'augmenter la productivité du travail, d'améliorer les conditions de vie et de développer les capacités intellectuelles. Ce qui fait avancer l'histoire humaine, c'est l'augmentation de la productivité du travail rendue possible par des progrès décisifs dans les techniques et les outils de production.

On peut le voir dans le développement de la chasse. Au début, les humains ne pouvaient généralement attraper que des animaux petits et lents. C'est l'invention d'armes de chasse telles que l'épieu, la sagaie, le propulseur de lance, l'arc et les flèches qui a permis la consommation régulière de gros gibier. L'arc et les flèches ont été le premier mécanisme capable d'emmaganiser de l'énergie pour la libérer lorsque nécessaire. Ces outils ont augmenté la portée et la force de frappe des chasseurs primitifs et leur ont permis de tuer des animaux plus gros et plus rapides.

Tous les outils manuels de base utilisés aujourd'hui tels que la hache, l'herminette, le couteau, le poinçon, le grattoir, le burin et la scie ont été inventés pendant l'âge de pierre. Le bronze, le premier métal, n'a remplacé la pierre comme matériau de choix pour la fabrication d'outils qu'il y a environ 3 500 ans. Le métal a non seulement donné aux outils un tranchant bien plus efficace et durable mais il a permis de les affûter plutôt que de les jeter une fois leur tranchant émoussé.

C'est au moment où les outils en bronze étaient les principaux instruments de production qu'on a élaboré des méthodes et des étalons de mesures, qu'on a développé les mathématiques et l'arpentage, qu'on a calculé un calendrier et réalisé de grands progrès en sculpture. C'est alors que sont apparues des inventions de base telles que le tour du potier, la balance, la clé de voûte d'une arche, les bateaux à voile et les bouteilles en verre.

Il y a environ 2 500 ans, le fer, le métal le plus durable, le plus abondant et le moins cher, a commencé à remplacer le bronze dans la fabrication des outils. Au fur et à mesure qu'ils devenaient dominants, les outils en fer ont fait avancer de manière extraordinaire la productivité et les techniques agricoles et artisanales. Ils ont permis de cultiver plus de nourriture et de fabriquer de meilleurs vêtements et de meilleurs abris en moins de temps et avec moins d'énergie. Ils ont fourni plus de confort et de commodité. Les outils en fer ont permis de nombreuses réalisations en Grèce et à Rome : de l'Acropole d'Athènes aux tunnels, ponts, égouts et bâtiments de Rome.

L'énergie nécessaire pour activer tous ces nouveaux moyens et modes de production provenait exclusivement de la force musculaire humaine. Avec la domestication des troupeaux, la force musculaire animale est venue renforcer, dans une certaine mesure, la force musculaire humaine. La révolution industrielle du 18e siècle se basait sur l'utilisation d'énergie provenant d'autres sources : de combustibles fossiles comme le charbon. La combinaison d'une part de la puissance mécanique générée par les moteurs à vapeur, les machines-outils, les équipements améliorés et les outils de production et d'autre part de l'utilisation accrue du fer et de l'acier a multiplié la capacité de production de la société jusqu'à ce qu'elle atteigne le niveau actuel. Aujourd'hui, les principaux instruments matériels de notre industrie et de notre agriculture sont des machines et des outils mus par l'énergie mécanique et électrique.

Les machines-outils les plus modernes ont été développées à partir d'outils manuels simples. À force d'utiliser ces outils, les humains ont commencé à comprendre et à profiter des avantages du levier, de la poulie, du plan incliné, de la roue, de l'essieu et de la vis pour multiplier leur force. On a par la suite combiné ces principes physiques pour les appliquer à la fabrication des machines-outils.

Tout ce développement de la technologie est organiquement lié au développement des capacités intellectuelles de l'humanité et il en est le principal responsable. C'est ce que souligne le paragraphe explicatif suivant de l'exposition de la compagnie DoAll :

> Les machines-outils accomplissent de manière complexe les mêmes fonctions et opérations de base que les outils. Ces fonctions de base ont été établies par des outils en pierre façonnés par l'homme primitif. C'est en concevant et en utilisant des outils en pierre travaillés à la main que l'humanité a développé ses capacités de coordination mentale et corporelle [...] qui, en retour, ont accéléré le développement des capacités mentales des humains.

De telles idées sur l'influence de la technologie sur la pensée, tirées de la publication d'une entreprise capitaliste respectable, ressemblent à celles que l'on trouve dans les écrits de Marx et d'Engels. Les contrôleurs de la pensée peuvent bien essayer de chasser le matérialisme historique par la porte socialiste mais ici il revient en catimini par une fenêtre capitaliste.

L'exposition DoAll démontre que, chronologiquement, l'évolution des outils se fait selon un ordre ascendant allant des outils en bois et en pierre aux outils en métal jusqu'aux machines-outils munies d'un moteur. Est-il également possible de distinguer les étapes successives correspondantes de l'organisation sociale ?

Le matérialisme historique répond à cette question par l'affirmative. Globalement, même s'il est possible au besoin de subdiviser chaque grande étape de l'histoire, on peut distinguer trois grandes périodes dans l'ascension de l'humanité de la phase animale jusqu'à nos jours. Depuis le début des études anthropologiques au milieu du 19e siècle, on appelle communément ces trois périodes : la sauvagerie, le barbarisme et la civilisation.

On a dit qu'une armée marche sur son estomac. C'est ce qui s'est produit dans la marche de l'armée de l'humanité. L'objectif principal de la production sociale a toujours été d'obtenir de la nourriture, car les êtres humains ne peuvent pas survivre, encore moins progresser, sans assouvir régulièrement leur faim.

On peut donc diviser les principales époques du développement de l'humanité en fonction des progrès essentiels pour assurer sa sécurité alimentaire.

La sauvagerie, l'enfance de l'humanité, c'est la période pendant laquelle la population dépend de ce que la nature lui procure directement. La nourriture des humains peut alors provenir de plantes telles que des fruits ou des racines, d'insectes, d'oiseaux, d'animaux, de produits du littoral ou de la mer. À ce stade, les humains cherchent leur nourriture comme des animaux de proie ou ils la déterrent comme d'autres animaux, mais avec ces différences cruciales : ils coopèrent entre eux et ils utilisent des outils rudimentaires et d'autres moyens de production pour les aider à « s'approprier » les moyens de subsistance pour leur usage collectif.

Les principales activités économiques à ce stade sont la quête de nourriture, la chasse et la pêche, qui ont été développées dans cet ordre. Le bâton et la lance permettent au sauvage d'obtenir les matières premières pour ses repas, ses vêtements et son habitat, qui pouvaient toutes être obtenues à partir d'animaux ongulés. Le filet attrape le poisson et le feu le prépare à la consommation. Les peuples autochtones du Sud de la Californie en étaient à ce stade lorsque les premiers colons européens sont arrivés dans les années 1760.

Les femmes, le travail social et la naissance de la civilisation

Les femmes ont acquis leur place prépondérante dans la société primitive pas simplement parce qu'elles étaient procréatrices de nouvelles vies, mais parce qu'en raison de cette fonction particulière, elles sont devenues les principales productrices de produits de première nécessité. À un certain point du combat pour survivre, pour nourrir et prendre soin de leur progéniture, elles ont pris la voie de l'activité laborieuse. Cette nouvelle fonction en a fait les fondatrices et les dirigeantes des premières formes de la vie sociale.

Nous pouvons citer le vaste éventail d'activités productrices des femmes primitives et le rôle crucial qu'elles ont joué pour sortir l'humanité de l'économie sauvage rudimentaire. Pendant la période où les hommes étaient totalement occupés à chasser, les femmes ont développé la plupart des outils, le savoir-faire et les techniques à la base de l'avancement social.

De la cueillette de nourriture, elles sont passées à l'horticulture simple puis à l'agriculture. À partir de la grande variété de techniques qu'elles utilisaient soit pour fabriquer des pots, du cuir, des textiles soit pour construire des maisons, etc., elles ont développé les rudiments de la botanique, de la chimie, de la médecine et d'autres branches du savoir scientifique.

Comme l'a démontré Engels, c'est par le biais d'activités productrices que l'humanité a émergé du monde animal. Plus concrètement, c'est donc la moitié féminine de

> l'humanité qui a initié ces activités productrices et c'est à elle qu'il faut attribuer la plus grande part dans ce grand acte de création et d'élévation de l'humanité.
>
> EVELYN REED, 1969
> *Problems of Women's Liberation*

La barbarie est le deuxième stade d'organisation sociale. Elle était basée sur la domestication des animaux et la culture de plantes. La nourriture n'est plus seulement *cueillie* mais *produite*. La domestication des bovins, des moutons, des porcs et d'autres animaux a fourni des réserves de viande ainsi que du lait de chèvre et de vache. La plantation et la culture de différentes récoltes a permis de disposer de manière régulière d'abondants stocks de nourriture.

Cette révolution de la production alimentaire, qui a commencé en Asie il y a environ 10 000 ans, a permis pour la première fois à l'humanité de ne plus être soumise aux conditions naturelles. Jusqu'alors, l'humanité dépendait de ce que le milieu naturel pouvait lui offrir pour satisfaire ses besoins. Sa survie était tributaire de conditions naturelles complètement extérieures et incontrôlables. Des peuples et des cultures ainsi que des espèces végétales et animales sont apparus, ont prospéré et ont succombé, selon la clémence ou l'hostilité de la nature qui les entourait.

Par exemple, il y a environ 20 000 à 30 000 ans dans ce qui est aujourd'hui le sud de la France, une société a surgi, appelée la Société des chasseurs de rennes, qui s'est développée en chassant d'énormes quantités de rennes et d'autres gibiers qui y broutaient la végétation luxuriante. Les peintures qu'ils ont réalisées, découvertes dans des cavernes pour la première fois au 19e siècle, témoignent de leur acuité visuelle et mentale et de leur grande habileté manuelle, ce qui les placent parmi les artistes les plus remarquables ayant jamais vécu sur terre. Mais lorsque des changements sont survenus dans les conditions climatiques et végétales, entraînant la disparition des troupeaux de rennes, cette culture s'est entièrement éteinte et très probablement aussi, la population elle-même.

Les premiers chasseurs ne maîtrisaient pas bien leurs sources de nourriture errantes. Ils ont pu surmonter ou à tout le moins réduire considérablement l'insécurité de la vie sauvage avec le début de l'élevage et surtout le développement des techniques agricoles. Pour la première fois, des méthodes ont été instaurées pour obtenir des réserves importantes et croissantes de nourriture et de fibres grâce à l'activité systématique et soutenue de groupes de travailleurs. Grâce à ces branches d'activité économique, des populations plus importantes et plus compactes sont apparues.

Ces activités et l'accroissement de la production ont fourni les éléments qui ont rendu possible la culture supérieure de la barbarie. L'agriculture et l'élevage ont conduit au développement de techniques artisanales comme la fonderie et la poterie, au moment où l'accumulation de réserves alimentaires engendrait, pour la première fois, le besoin d'entreposer et de transporter des produits. Les humains sont devenus plus sédentaires, des populations plus denses se sont agrégées. Elles ont construit des habitations permanentes qui ont permis l'émergence de la vie de village.

Les activités économiques de la période de la barbarie, à leur plus haut niveau de développement, ont préparé les conditions pour l'avènement de la civilisation. La capacité que les peuples les plus avancés avaient acquise de produire de manière régulière beaucoup plus de nourriture et de biens que ce qui était nécessaire pour garantir l'entretien physique de leurs membres a créé les bases matérielles pour l'émergence de la civilisation.

Ces excédents ont eu deux conséquences. Ils ont permis à des secteurs particuliers des communautés de s'engager dans des activités autres que l'acquisition et la production directe des moyens élémentaires indispensables à la vie. Des spécialistes tels que des prêtres, des nobles, des rois, des fonctionnaires, des forgerons, des potiers, des commerçants, des maçons et d'autres artisans sont apparus.

Avec cette spécialisation croissante et l'extension du commerce, les couches supérieures de ces groupes ont occupé des positions stratégiques permettant aux plus chanceux et aux plus puissants d'entre eux de s'approprier une grande part des richesses excédentaires. La propension à accroître la richesse personnelle, découlant de l'approfondissement de la division sociale du travail et de la montée des échanges de biens, a conduit avec le temps au développement de la propriété privée, de la famille, de l'esclavage, des divisions de classe, de la production de marchandises à grande échelle, du commerce, de la monnaie, des villes et de l'État territorial avec son armée, sa police, ses tribunaux et les autres relations et institutions caractéristiques de la civilisation.

~

L'évolution de la société civilisée jusqu'à maintenant peut se diviser en trois époques principales : l'esclavage, le féodalisme et le capitalisme. Chaque époque se distingue des autres par la manière particulière que la classe possédante au sommet de chaque organisation sociale extrait le surplus de richesse dont elle vit des

La société de classe se divise en trois grandes époques : esclavage, féodalisme et capitalisme. Chacune se distingue par la forme dominante de production par laquelle la classe possédante extrait la richesse créée par les masses laborieuses.

Pendant la plus grande partie de son existence, la société humaine a reposé sur la simple subsistance et le travail en commun. Il n'y avait ni classes sociales ni pouvoir d'État répressif. Il y a environ 5 000 ans, la capacité de produire un surplus alimentaire a mené à l'émergence de la propriété privée et de classes sociales aux intérêts antagoniques : les producteurs sans propriété contre les possédants.

En haut : Grèce antique. Esclaves déchargeant un navire marchand.

En bas : Serfs récoltant du blé dans l'Angleterre féodale, au début du 14e siècle.

masses laborieuses qui la créent directement. Cette période a débuté il y a entre 5 000 et 6 000 ans.

La civilisation a surgi et a prospéré avec l'esclavage direct. Les mêmes facteurs économiques qui ont mis fin à la barbarie et rendu possible la vie civilisée ont également créé les conditions matérielles pour l'utilisation du travail des esclaves. La division du travail fondée sur l'élevage, l'agriculture, l'exploitation minière et la fabrication de biens pour la vente ont permis aux sociétés les plus avancées de produire plus que ce dont les travailleurs de l'époque avaient besoin pour leur entretien.

C'est ce qui, pour la première fois, a rendu l'esclavage non seulement possible mais profitable. C'est aussi ce qui a stimulé énormément les appétits rapaces de ceux qui possédaient individuellement des moyens de production et qui cherchaient à acquérir et accroître les excédents de richesses qu'ils créaient. La production par les esclaves et la propriété d'esclaves sont devenues les fondements économiques d'un nouveau type d'organisation sociale, une source de pouvoir suprême, de prestige et de privilèges. Et cela a finalement transformé la structure entière de la vie civilisée.

L'esclavage a été une création humaine de grande importance, un phénomène spécifiquement humain. Les animaux peuvent se nourrir de cadavres d'autres animaux mais ils ne peuvent pas vivre des excédents que d'autres animaux produisent. Bien qu'aujourd'hui toute manifestation d'asservissement nous répugne avec raison et que nous brûlions d'en supprimer les derniers vestiges, il faut reconnaître qu'à son apogée l'esclavage avait des raisons impérieuses d'exister et de se maintenir.

La science exige d'aborder, d'analyser et d'évaluer chaque phénomène avec objectivité, en laissant de côté les réactions personnelles d'admiration ou d'aversion. Le matérialisme

« Trotsky m'a enseigné à être un citoyen du monde »

Ce qui suit est tiré du témoignage de Farrell Dobbs, lors du procès de 1981 dans le cadre de la poursuite intentée par le Parti socialiste des travailleurs. Cette poursuite a révélé des décennies d'espionnage et de harcèlement du parti et d'autres organisations politiques par le FBI. Dobbs, un dirigeant central des luttes de syndicalisation des Teamsters dans le Midwest au cours des années 30, a été secrétaire national du Parti socialiste des travailleurs de 1953 à 1972. Il décrit ici ce que le dirigeant révolutionnaire russe Léon Trotsky lui a enseigné à propos de la dialectique matérialiste lors d'une discussion en 1940 à Mexico.

Trotsky comprenait avec une grande perspicacité ce dont j'avais besoin. Il m'a appris à ne pas être un simple provincial dans le monde contemporain, mais un citoyen du monde.

Il a parlé des principales étapes de l'évolution de l'organisation sociale dans l'histoire, soit l'esclavage, le féodalisme, le capitalisme, etc., et comment chacune avait à son origine des caractéristiques progressistes. Chacune a permis à l'humanité, dans certaines limites, de progresser dans ses efforts pour améliorer sa technologie et tirer un meilleur parti des ressources naturelles de la terre. Mais à mesure qu'il progressait, chaque système est devenu un obstacle à toute nouvelle avancée.

Je lui ai dit : je peux comprendre cela, mais il y a une chose que je ne comprends pas. Je ne peux pas concevoir que l'esclavage ait pu avoir le moindre aspect progressiste.

Il a souligné le fait qu'avant l'avènement de l'esclavage, qui a marqué un bond dans le développement de la production agricole, les tribus en guerre avaient l'habitude de manger leurs captifs. Il a dit : « C'est malgré tout infiniment plus progressiste d'être un esclave dans les champs que d'être un rôti sur une table. »

J'ai alors commencé à saisir ce qu'il voulait dire en parlant de l'importance de comprendre quelles étaient les conditions qui prévalaient à chaque étape de cette longue évolution de l'histoire.

LE 2 AVRIL 1981
FBI on Trial

historique doit expliquer pourquoi les contingents les plus avancés de l'humanité en sont venus à adopter l'esclavage.

Cela s'explique principalement par le fait que, associé à la propriété privée des moyens de production et à l'augmentation des échanges de ses produits, le travail des esclaves a augmenté les forces productives, multiplié les richesses, le confort et la culture, même si rares étaient ceux qui en profitaient, et a généralement fait progresser l'humanité pendant toute une période historique. Sans l'esclavage, il n'y aurait pas eu d'incitation suffisante pour accumuler des richesses à une échelle telle qu'il deviendrait possible d'en utiliser une partie pour développer les processus productifs.

On peut illustrer la nécessité historique de l'esclavage de deux manières. Les peuples qui n'ont pas adopté l'esclavage ne sont pas passés à la civilisation, aussi remarquables qu'aient été leurs autres qualités et réalisations. Ils sont restés en dessous de ce niveau parce que, dans leurs économies, il n'y avait ni l'appât du gain ni l'impérieuse nécessité qui poussent l'esclavagiste à exploiter ses esclaves pour accroître sa richesse. C'est une preuve par la négative.

Mais il y a aussi une preuve plus positive. Les États qui se basaient sur une forme quelconque de servitude, comme les cultures les plus brillantes de l'Antiquité, comme celles de Babylone, de l'Égypte, de la Grèce et de Rome, sont également celles qui ont le plus contribué aux processus civilisateurs, avec les charrettes à roues et la charrue ou avec l'écriture et la philosophie. Ces sociétés se situaient sur la voie principale du progrès social.

Mais s'il y avait des raisons suffisantes pour que l'esclavage permette l'avènement de la civilisation ancienne et en constitue le fondement, il a lui-même généré avec le temps les conditions et les forces qui allaient le miner et le renverser. Une fois devenu la forme de production dominante, comme ce fut le cas dans l'industrie en Grèce ou dans l'agriculture à Rome, l'esclavage a cessé de favoriser le développement des techniques agricoles, de l'artisanat, du commerce ou de la navigation. Les empires esclavagistes de l'Antiquité ont stagné et se sont désintégrés jusqu'à ce qu'ils soient remplacés, des siècles plus tard, par deux types prédominants d'organisation féodale : la forme asiatique et celle qui prévalait en Europe de l'Ouest.

Grâce à une longue liste de progrès technologiques et sociaux, combinés à une suite de circonstances historiques exceptionnelles, l'Europe féodale est devenue la matrice de la prochaine grande étape de la société de classe : le capitalisme. Comment et pourquoi le capitalisme est-il né ?

En se développant, il y a plusieurs milliers d'années, le commerce a fait surgir l'argent, qu'on a pu alors commencer à utiliser comme capital. Les commerçants pouvaient accroître leurs richesses en achetant des biens bon marché et en les revendant à prix élevé. Les prêteurs et créanciers hypothécaires pouvaient alors percevoir des intérêts sur les sommes avancées pour des terres ou autres biens offerts en garantie. Ces pratiques étaient courantes dans les sociétés esclavagistes et féodales.

Mais si l'argent pouvait ainsi être utilisé à l'époque précapitaliste pour rapporter plus que l'investissement initial, il faudra attendre que d'autres conditions soient remplies avant que le capitalisme puisse s'établir en tant que système économique mondial, distinct et défini. Pour en arriver là, il faudra absolument qu'un type particulier de transaction se répète régulièrement à une échelle de plus en plus grande. Il faudra que, pour gagner leur vie, un grand nombre de travailleurs sans propriété n'aient d'autre alternative que de se faire embaucher par ceux qui possèdent l'argent et les moyens de production.

Embaucher et licencier nous semblent aujourd'hui une façon normale de faire fonctionner la production. Mais des peuples comme les Autochtones d'Amérique du Nord n'avaient jamais rien vu de tel. Avant l'arrivée des Européens, aucun Autochtone ne travaillait pour un patron (le mot anglais *boss* a lui-même été importé par les Néerlandais), car ils possédaient tous leurs propres moyens de subsistance. L'esclave pouvait avoir été acheté, mais il appartenait au maître et travaillait pour lui toute sa vie. Le serf ou fermier féodal était également lié pour la vie au seigneur et à ses terres.

L'innovation historique qui a servi de fondement du capitalisme a été l'énorme expansion du travail en échange d'un salaire comme relation de production dominante. La plupart d'entre vous êtes allés sur le marché du travail, en passant par un bureau du personnel ou un service de placement, dans le but de trouver un acheteur pour votre force de travail. L'employeur achète cette force de travail au taux de salaire en vigueur, à l'heure, à la journée ou à la semaine, puis l'utilise sous sa surveillance pour produire des marchandises que son entreprise vend par la suite avec profit. Ce profit provient du fait que les salariés produisent une valeur plus grande que celle qu'ils reçoivent du capitaliste en échange de leur force de travail.

L'innovation historique qui a servi de fondements du capitalisme a été l'énorme expansion du travail pour un salaire comme relation de production dominante.

Jusqu'au 20e siècle, ce mécanisme pour extraire de la plus-value des masses travailleuses et transférer au capitaliste le surplus des richesses qu'elles créent a été le plus puissant stimulant des forces productives et du progrès de la civilisation.

En tant que système économique distinct, le capitalisme n'est apparu qu'au début du 16e siècle. Il a depuis ce temps conquis le monde et voyagé du lever au coucher du soleil. C'est une période beaucoup plus brève que celle de la sauvagerie, qui a duré au moins un million d'années, ou celle de la barbarie qui a couvert 4 000 à 5 000 ans. De toute évidence, les processus de transformation sociale se sont considérablement activés à l'époque moderne.

Cette accélération du progrès social provient en grande partie de la nature même du capitalisme, qui révolutionne continuellement ses techniques de production et tout l'éventail des relations sociales qui en découlent. Depuis sa naissance, le capitalisme mondial a connu trois transformations internes. Au début, les commerçants étaient la classe de capitalistes dominante parce que le commerce était la principale source d'accumulation de richesse. Dans ce capitalisme commercial, l'industrie et l'agriculture, les deux piliers de la production, ne reposaient généralement pas sur le travail salarié mais sur l'artisanat à petite échelle, l'agriculture paysanne et le travail des esclaves ou des serfs.

L'ère industrielle a commencé au début du 19e siècle avec l'application de la vapeur aux premiers processus de fabrication mécanisés, qui rassemblaient un grand nombre de travailleurs salariés dans les usines. Les barons du capitalisme industriel à grande échelle sont devenus maîtres de la production et plus tard de pays et de continents entiers à mesure que leurs richesses, leurs légions de salariés, leur pouvoir social et politique prenaient d'immenses proportions.

Cette croissance vigoureuse, progressiste, confiante et compétitive du capitalisme industriel a marqué le 19e siècle. Elle a ensuite ouvert la voie au capitalisme monopoliste du 20e siècle, qui a poussé à l'extrême toutes les tendances fondamentales du capitalisme et surtout ses traits les plus réactionnaires au niveau des relations économiques, politiques, culturelles et internationales.

Pendant que les processus de production devenaient plus centralisés, plus rationalisés, plus socialisés, les moyens de production et les richesses dans le monde se concentraient dans les mains de groupes financiers et industriels géants. En ce qui concerne les secteurs capitalistes de la société, cette concentration a atteint un tel niveau que les monopoles capitalistes d'un seul pays, les États-Unis, dictent en grande partie leur loi à tous les autres.

~

La question la plus importante qu'il faut maintenant se poser est la suivante : vers quoi tend la civilisation dans

Durant son évolution, le capitalisme a produit beaucoup de choses, bonnes et mauvaises. La force sociale la plus vitale qu'il a créée est la classe ouvrière.

Travailleurs de l'usine de locomotives Poutilov à Pétrograd, en Russie, réunis pour élire des députés au soviet (conseil) municipal, l'organe local du gouvernement révolutionnaire des travailleurs et des agriculteurs.

En octobre 1917, les travailleurs et agriculteurs de l'ancien empire russe ont renversé le règne des capitalistes et propriétaires terriens et pris le pouvoir d'État. Dirigés par le Parti bolchevique, ils ont amorcé une révolution socialiste qui a commencé à transformer les relations économiques et sociales dans l'intérêt de la grande majorité de la population.

sa forme capitaliste ? Sans tenir compte des opinions mitigées qui, au fond, évitent de répondre à la question, deux points de vue irréconciliables se confrontent, correspondant à la vision du monde de deux classes opposées.

Les porte-parole du capitalisme affirment qu'il ne reste plus qu'à perfectionner leur système et que celui-ci continuera de progresser indéfiniment. La compagnie DoAll, par exemple, qui a publié ce tableau si instructif sur l'évolution des outils, prétend que des machines-outils plus nombreuses et de meilleure qualité — que ses propriétaires espèrent évidemment pouvoir vendre avec un profit substantiel — garantiront le progrès continu et la prospérité de l'Amérique capitaliste sans le moindre changement dans les relations de classe existantes.

Les socialistes répondent à cette question de manière complètement différente, en s'appuyant sur une analyse incomparablement plus profonde, plus correcte et plus complète du mouvement de l'histoire, de la structure du capitalisme et des luttes qui agitent actuellement le monde qui nous entoure. La fonction historique du capitalisme ne consiste pas à se perpétuer indéfiniment, mais à créer les conditions et à préparer les forces qui causeront son remplacement par une forme plus efficace de production matérielle et un type plus élevé d'organisation sociale.

Tout comme le capitalisme a supplanté le féodalisme et l'esclavage et tout comme la civilisation a balayé la sauvagerie et la barbarie, c'est maintenant au tour du capitalisme lui-même de devoir être remplacé. Comment se fera cette transformation révolutionnaire et qui la réalisera ?

Au 19e siècle, Marx a analysé scientifiquement le fonctionnement du système capitaliste. Il a expliqué comment ses contradictions internes entraîneraient sa chute. Depuis 1917, les révolutions ont montré dans le monde réel que le capitalisme est voué au musée des antiquités. Il vaut la peine de comprendre les causes profondes de ces développements inéluctables, aussi inexplicables et odieux qu'ils paraissent aux défenseurs du système capitaliste.

Au cours de son évolution, le capitalisme a produit beaucoup de choses bonnes et mauvaises. Mais la plus vitale et la plus précieuse de toutes les forces sociales qu'il a créées, c'est la classe ouvrière industrielle. La classe capitaliste a fait naître une vaste armée de travailleurs salariés, une armée centralisée et disciplinée qu'elle a utilisée à ses propres fins pour fabriquer et faire fonctionner les machines, les usines et toutes les autres installations de production et de transport d'où proviennent ses profits.

L'exploitation et les abus, inhérents et inexorables dans l'organisation capitaliste de la vie économique, poussent sans cesse les travailleurs à s'organiser et à entreprendre des actions combatives pour défendre leurs intérêts fondamentaux. La lutte entre ces deux classes sociales antagonistes est aujourd'hui la force dominante, le moteur de l'histoire mondiale et américaine, tout comme le conflit entre les forces dirigées par la bourgeoisie contre les éléments précapitalistes a fait progresser l'histoire au cours des siècles qui ont immédiatement précédé.

La lutte actuelle, qui s'accélère et s'étend depuis le milieu du 19e siècle, est entrée dans sa phase décisive à l'échelle mondiale.

Les batailles préliminaires pour établir un ordre économique et social sans exploitation, sans contrainte et sans appropriation privée des fruits de notre travail ont jusqu'à présent été livrées dans des pays hors de l'hémisphère occidental.

Tôt ou tard, cependant, elles ne manqueront pas d'éclater et d'aller jusqu'au bout dans ce pays, qui n'est pas seulement le bastion du pouvoir capitaliste mais aussi le foyer de la classe ouvrière la mieux organisée et techniquement la plus forte sur la planète.

L'axe central du développement aux États-Unis, tout comme le cours de l'histoire mondiale, pointe vers une telle conclusion. Pourquoi ?

Le cours principal de l'histoire des États-Unis

George Novack

Nous avons vu comment l'humanité a émergé de l'état animal et nous avons identifié les étapes successives de cette progression. Il a fallu au moins un million d'années pour que l'humanité rampe lentement à travers la sauvagerie, qu'elle traverse ensuite la barbarie pour enfin franchir, le dos courbé et la tête inclinée, le portail en fer de la société de classes.

Arrivée là, l'humanité a subi, pendant des milliers d'années, un dur apprentissage sous la trique et la domination de la propriété privée, qui est apparue avec l'esclavage et a culminé avec la civilisation capitaliste. Aujourd'hui, notre époque se trouve, ou plutôt lutte, au seuil du socialisme.

Passons maintenant de la marche historique de l'humanité, considérée dans son ensemble, à l'étude de l'une

---

Ceci est le deuxième exposé présenté en septembre 1955, près de Los Angeles, lors d'un campement-école de la côte Ouest organisé par le Parti socialiste des travailleurs.

de ses composantes, les États-Unis d'Amérique. L'impérialisme américain étant le pilier du système capitaliste international, il faut absolument étudier le rôle du peuple américain pour déterminer avec quelle rapidité et avec quelle efficacité l'humanité franchira le grand fossé qui sépare la société de classe périmée et un monde réorganisé et revitalisé sur la voie socialiste.

J'essaierai de répondre brièvement aux quatre questions suivantes : Par quelles voies principales l'histoire américaine a-t-elle cheminé ? Comment est-elle liée à la marche du reste de l'humanité ? Quels en ont été les résultats jusqu'à présent ? Enfin, où nous situons-nous dans ce tableau ?

L'histoire américaine se divise nettement en deux époques fondamentalement différentes. L'une appartient aux Autochtones, aux indigènes. L'autre commence avec l'arrivée des Européens en Amérique à la fin du 15e siècle.

On ne connaît pas bien les débuts de l'activité humaine dans l'hémisphère occidental. Mais on estime qu'il y a 20 à 30 mille ans les premiers Asiatiques de l'âge de pierre ont profité de conditions climatiques favorables reliant une partie de l'Alaska à la Sibérie et ont traversé le détroit de Béring. Ils se sont lentement frayé un chemin à travers l'Amérique du Nord, l'Amérique centrale et l'Amérique du Sud. Pendant des millénaires, les premiers habitants des Amériques ont façonné leur existence.

Pour considérer les Autochtones comme insignifiants ou incompétents, il faut avoir un jugement historique déficient. L'humanité s'est hissée à son niveau actuel grâce à quatre branches d'activité productive. La première, la collecte de nourriture, comprend des activités comme déterrer des racines, cueillir des baies, chasser et pêcher.

La deuxième est l'élevage ; la troisième, l'agriculture ; la quatrième, l'artisanat, qui se transforme graduellement en industrie à grande échelle.

Les Autochtones étaient extrêmement habiles à la chasse, à la pêche et dans d'autres activités permettant de cueillir la nourriture. C'étaient des artisans ingénieux, dont le travail dans certains domaines n'a jamais été dépassé. Les Incas, par exemple, fabriquaient des tissus dont la texture, les couleurs et les motifs étaient extrêmement fins. Sur leurs métiers à tisser manuels, ils ont inventé et utilisé un plus grand éventail de techniques de tissage que tout autre peuple dans l'histoire.

Cependant, c'est dans le développement de l'agriculture que les Autochtones ont fait preuve du plus grand savoir-faire. Il est même possible qu'ils aient inventé de manière indépendante la culture du sol. Ce qui est certain, c'est qu'ils ont poussé l'agriculture à un très haut niveau de diversification. Nous devons aux Autochtones la plupart des légumes qui aujourd'hui viennent des champs, passent par la cuisine et se rendent jusqu'à notre table. Les plus importants sont le maïs, les pommes de terre et les haricots, mais la liste en comprend beaucoup d'autres, dont les tomates, les piments, les ananas, les cacahuètes, les avocats et le tabac.

Ils connaissaient et utilisaient les propriétés de 400 espèces distinctes de plantes. Aucune plante cultivée par les Autochtones d'Amérique n'était connue en Asie, en Europe ou en Afrique avant l'invasion européenne de l'Amérique.

On entend beaucoup parler de tout ce que les Européens ont apporté aux Autochtones, mais peu de ce que les Autochtones ont donné aux Européens. L'introduction des cultures vivrières empruntées aux Autochtones a plus que doublé l'offre d'aliments sur le vieux continent après le 15e siècle. Elle a beaucoup contribué à l'expansion de la civilisation capitaliste. Plus de la moitié des produits

« Christophe Colomb a découvert la route vers le monde »

Extraits de commentaires d'Armando Hart, un dirigeant central de la révolution cubaine et longtemps ministre de la Culture, lors d'un événement en octobre 1982 à Holguín, à Cuba. L'événement marquait le 500e anniversaire de l'arrivée de Christophe Colomb dans les Amériques.

C'est un événement qui mérite d'être célébré. Comme tous les grands événements, il était rempli de contradictions. Mais personne ne peut nier qu'il a ouvert une nouvelle ère dans l'histoire de l'humanité.

Christophe Colomb n'a pas découvert un « nouveau monde ». Ce monde existait déjà depuis que nos premiers ancêtres sont arrivés par le détroit de Béring dans ce qui est aujourd'hui les Amériques.

Avant 1492, il n'y avait pas de monde au sens moderne du terme. Ce que l'on appelait le monde n'était qu'un fragment de la Terre.

Christophe Colomb mérite notre respect. Il mérite qu'on se souvienne de lui, car ce qu'il a réellement découvert il y a cinq siècles, c'était la route vers le monde. Cette découverte était encore plus grande que ce que l'amiral imaginait avoir trouvé.

Cette action a simultanément conduit à la conquête, à l'extermination de la population indigène et à l'expansion de l'esclavage. Elle a conduit à la croissance du capitalisme dans une vaste partie du monde.

Outre Christophe Colomb, nous devons également nous souvenir de la figure du chef autochtone Hatuey, qui est venu de Saint-Domingue pour combattre les conquérants et qui est mort dans l'est de Cuba. Dans la résistance aux effets de la conquête nous retrouvons aussi le père Bartolomé de las Casas. Cette résistance a finalement conduit aux mouvements d'indépendance dans les Amériques et à la libération du joug des puissances européennes.

agricoles cultivés dans le monde aujourd'hui proviennent de végétaux domestiqués par les Autochtones !

Du 1er au 15e siècle, les Autochtones ont développé des cultures magnifiques voire stupéfiantes, grâce à leurs conquêtes agricoles. L'agriculture a permis à certaines des tribus de chasseurs dispersées et itinérantes de se regrouper dans des habitats petits mais permanents où elles subvenaient à leurs besoins en cultivant du maïs, des haricots et d'autres légumes. Ces tribus cultivaient et tissaient également le coton, fabriquaient des poteries et développaient d'autres techniques artisanales.

Les Incas des Andes, les Mayas du Guatemala et du Yucatán et les Aztèques du Mexique central, que la civilisation européenne n'avait pas encore affectés et qui se développaient de manière indépendante, ont été les sociétés indigènes les plus avancées. Leurs cultures incarnaient le meilleur de ce que les Autochtones ont pu accomplir au cours des quelque 25 000 ans que leur a alloués l'histoire. En fait, les Mayas avaient réalisé des calculs mathématiques et astronomiques plus complexes et plus avancés que ceux des envahisseurs européens. Ils avaient inventé de manière indépendante le chiffre zéro pour l'utiliser dans leur système numérique, ce qui manquait même aux Grecs et aux Romains.

Les Autochtones ont progressé jusqu'au stade intermédiaire de la barbarie, mais s'y sont arrêtés. Avec le temps, auraient-ils pu s'élever jusqu'à la civilisation sans l'interférence de peuples plus puissants et plus productifs ? C'est une question qui restera sans réponse.

Ce que nous pouvons affirmer, c'est que, pour y arriver, il leur aurait fallu surmonter de formidables obstacles. Les Autochtones ne possédaient pas d'animaux domestiqués aussi importants que le cheval, la vache, le porc, le mouton ou le buffle d'eau, qui ont contribué à faire avancer les Asiatiques et les Européens vers la civilisation. Les Autochtones n'avaient que le chien, la dinde, le cochon d'Inde et, sur les hauts plateaux andins, les lamas, les alpagas et dans certains endroits, les abeilles. De plus, ils n'utilisaient pas la roue sauf pour les jouets ; ils ne connaissaient pas l'usage du fer ou des armes à feu et il leur manquait les autres conditions qui auraient pu leur permettre d'atteindre un niveau de productivité suffisant pour donner naissance à la propriété privée.

Mais, c'est précisément cette question que l'histoire avait irrévocablement réglé dans l'autre partie de la planète. En effet, alors que les Autochtones les plus avancés étaient passés de la vie de chasseurs nomades à celle de communautés établies, les Européens, eux-mêmes descendants de la culture asiatique, étaient non seulement entrés dans la société de classe, mais leurs secteurs les plus avancés, le long de la côte Atlantique, passaient déjà du féodalisme au capitalisme.

Ce développement inégal des sociétés de l'Ancien et du Nouveau Monde a constitué le cadre historique du deuxième grand tournant de l'histoire américaine. Quel a été la signification essentielle du grand bouleversement qu'a provoqué la traversée de l'Atlantique par les Européens de l'Ouest ? Il a signifié la transition de l'âge de pierre à l'âge

« L'arrivée de Colomb en Amérique, comme tout grand événement, était pleine de contradictions. Mais on ne peut nier qu'elle a ouvert une nouvelle ère dans l'histoire de l'humanité. Avant 1492, le monde n'existait pas dans le sens moderne. »

—Armando Hart, 1992

MIMMO LIBEFARO/ALAMY

Lors d'une cérémonie pour le 500e anniversaire du débarquement de Christophe Colomb à Cuba, Armando Hart, ministre cubain de la Culture, a rendu hommage à ceux qui ont résisté au pillage et au massacre des peuples indigènes des Caraïbes et d'Amérique latine.

Hart a souligné l'héritage d'Hatuey, le chef taïno qui dirigea la résistance contre les conquérants espagnols et qui est mort au bûcher à Cuba, et celui de Bartolomé de las Casas, le prêtre espagnol du 16e siècle qui dénonça le génocide de la population indigène.

À gauche : Monument à Baracoa, Cuba, honorant « Hatuey, premier rebelle des Amériques ». **À droite :** Portrait du 18e siècle de Bartolomé de las Casas.

de fer en Amérique, du mode de vie barbare au mode de vie civilisé, de l'organisation tribale basée sur des pratiques collectivistes à une société ancrée dans la propriété privée, la production pour l'échange, la famille, l'État, etc.

L'histoire a connu peu de spectacles plus dramatiques et instructifs que la confrontation et le conflit entre les Autochtones, représentants de la vie communautaire de l'âge de pierre, et les agents armés de la civilisation de classe. La science-fiction parle de visite de notre planète par des martiens en soucoupes volantes. Pour les Autochtones, leurs premières visions d'Européens avec leur peau blanche n'ont pas été moins surprenantes et incompréhensibles.

Pour les Autochtones, ces hommes avaient des coutumes, des normes et des modes de vie complètement étrangers. Ils avaient une apparence et un comportement étranges. En fait, les différences entre les deux groupes étaient si profondes qu'elles en étaient irréconciliables. Quelle était la cause profonde du conflit permanent et meurtrier entre eux ? Ils représentaient deux niveaux d'organisation sociale profondément incompatibles, qui avaient surgi et s'étaient développés dans des conditions distinctes et avançaient vers des objectifs totalement différents.

Même à son apogée, la vie indigène se basait sur le collectivisme tribal et sur une technologie rudimentaire. C'est ce type d'institutions sociales qui a façonné la psychologie des Autochtones. Non seulement ils n'avaient pas la roue, le fer ou l'alphabet, mais ils n'avaient pas non plus les institutions, les idées, les sentiments et les objectifs de peuples façonnés pendant des millénaires par la technologie et la culture d'une société acquisitive. Ces conditions avaient créé un type d'être humain très spécial, résultat singulier d'une civilisation basée sur la propriété privée.

Les Autochtones les plus développés subsistaient grâce à l'agriculture. Mais leur agriculture ne se fondait pas sur le même mode économique que celui des nouveaux arrivants. Les principaux moyens de produire des aliments en cultivant le sol appartenaient à l'ensemble de la tribu. Il n'y avait rien dans la production ou la distribution que des propriétaires individuels pouvaient revendiquer de manière exclusive. Cela était vrai pour le principal moyen de production, la terre elle-même. Lorsque les Européens sont arrivés sur ces côtes, il n'y avait pas, de l'Atlantique au Pacifique, la moindre parcelle de terre dont quelqu'un pouvait dire : « Ceci m'appartient, à moi tout seul, ou à ma petite famille. Les autres, ne vous en approchez pas, restez éloignés. » La terre appartenait à la population entière.

Dans leur quête d'or et leur soif de luxe, les *conquistadors* ont réduit en esclavage et tué des milliers d'Autochtones américains.

Il en était tout autrement pour les Européens, porteurs d'une phase nouvelle et plus avancée de société. Pour eux, il paraissait normal et nécessaire, comme c'est encore le cas pour la plupart des citoyens de ce pays, que presque tout ce qui se trouve sur terre devienne la propriété privée de quelqu'un ; qu'on puisse acheter et vendre des vêtements, des maisons, des armes de guerre, des outils, des navires, voire même des êtres humains.

C'est sous la forme étincelante des métaux précieux que la propriété privée a non seulement constitué la pierre angulaire de l'existence terrestre mais a aussi ouvert les portes du paradis. Christophe Colomb a écrit à la reine Isabelle d'Espagne : « L'or est un trésor et celui qui le

Une collision entre deux niveaux de développement socio-économique

La guerre de trois siècles entre les peuples autochtones d'Amérique du Nord et les agresseurs européens a été la collision entre deux niveaux de développement historique distincts, deux formations socio-économiques fondamentalement différentes, deux modes de vie, deux types de culture et deux visions du monde irréconciliables.

Ce qui a rendu la défaite des tribus autochtones inévitable, c'était les capacités de production et de destruction incomparablement plus grandes, par le nombre, la richesse et l'organisation, des classes composant la civilisation bourgeoise.

GEORGE NOVACK, 1970
Genocide against the Indians:
Its Role in the Rise of U.S. Capitalism

possède détient tout ce dont il a besoin en ce monde. Il détient même le moyen de sauver les âmes du purgatoire et de les remettre en état de jouir du paradis. » Cela était littéralement vrai à l'époque puisque les riches catholiques pouvaient acheter du pape des indulgences pour leurs péchés. Le *conquistador* Hernán Cortés aurait dit à des Autochtones du Mexique : « Nous, les Espagnols, souffrons d'une maladie du coeur pour laquelle l'or, et l'or seulement, constitue un remède spécifique. »

Les Européens avaient comme doctrine que tout doit avoir un prix, peu importe qu'en dépende le bonheur présent ou le salut futur. Cette idée reste encore aujourd'hui la devise des dirigeants ploutocratiques qui, dans leurs campagnes pour dominer le monde, achètent non seulement des individus, mais aussi des gouvernements entiers. Dans leur quête d'or et leur soif de luxe, Christophe Colomb et les *conquistadors* ont réduit en esclavage et tué des milliers d'Autochtones dans les îles qu'ils ont découvertes dans les Amériques. Et ce n'était que le début.

Vu des hauteurs de l'histoire du monde, ce tournant en Amérique a été caractérisé par la combinaison de deux processus révolutionnaires. Le premier a été le passage en Europe maritime d'une société féodale à une société bourgeoise. Cette transformation révolutionnaire de l'Europe occidentale a consisté en partie en une poussée vers l'extérieur, les commerçants capitalistes étendant leurs opérations à toute la planète. Leurs expéditions d'exploration, de commerce et de piraterie ont poussé les émissaires de la société bourgeoise naissante en Europe de l'autre côté de l'océan, où ils sont entrés en conflit avec les tribus indigènes. L'offensive de la révolution européenne sur notre propre continent a aussi eu comme conséquences que les conquérants, dont ceux d'Espagne, ont détruit les anciennes cultures des Aztèques et des Incas et qu'ils ont asservi et exterminé des peuples autochtones.

Avec l'extension du processus révolutionnaire, les représentants les plus avancés de la civilisation de classe ont vaincu et supplanté les peuples de l'âge de pierre sur ce continent. Mais ce ne fut pas le seul continent à connaître ce processus. Ce qui s'est produit dans le Nouveau Monde, du 15e au 19e siècle, avait eu lieu longtemps auparavant en Europe occidentale et s'est reproduit par la suite dans les régions les plus isolées du monde, à mesure que le capitalisme a peu à peu conquis toute la planète.

La lutte entre les peuples de l'âge de pierre et les représentants de la période bourgeoise a été féroce. Les guerres qu'ils se sont livrées se sont poursuivies pendant quatre siècles et ont fini par désintégrer, déposséder ou détruire les cultures préhistoriques et par imposer la suprématie incontestée de la société de classe.

Avec l'arrivée des Européens et des esclaves africains qu'ils amenaient avec eux, l'histoire des États-Unis a basculé sur une voie complètement différente, un nouveau parcours déterminé par les besoins d'un capitalisme mondial jeune et en expansion.

Nous arrivons maintenant à une question cruciale : quelle voie fondamentale la croissance aux États-Unis a-t-elle suivie depuis 1492 ? On a donné plusieurs réponses à cette question : le développement de l'indépendance nationale, l'instauration de la démocratie, l'élévation de l'homme ordinaire ou l'expansion de l'industrie. Chacune de ces formules familières qu'on apprend à l'école touche à certains aspects du processus mais aucune ne va au coeur de la question.

La bonne réponse est que, malgré quelques détours, le cours principal de l'histoire américaine a consisté à construire et consolider la civilisation capitaliste, qui a atteint son point culminant de nos jours. Toute tentative pour expliquer le développement de la société américaine depuis le 16e siècle doit tenir compte de cette réalité.

Il faut voir la découverte, l'exploration, la colonisation, le développement agricole, l'exploitation, la démocratisation et l'industrialisation de ce continent comme autant d'événements successifs qui ont permis à la société bourgeoise de se développer.

C'est la seule interprétation valable des événements déterminants des cinq derniers siècles en Amérique du Nord, la seule qui explique notre histoire complexe de manière cohérente et continue, la seule qui distingue le fleuve principal de ses affluents, la seule que le développement de la société américaine a confirmée. Il faut associer et lier tous les aspects de notre histoire nationale au processus qui a mené au mode de vie capitaliste dans sa forme la plus poussée et aujourd'hui, la plus pernicieuse.

On l'appelle parfois le « mode de vie américain ». Il serait plus réaliste et honnête de l'appeler le mode de vie capitaliste parce que, comme je vais l'expliquer, il est destiné à n'être qu'une expression historiquement circonscrite et transitoire de la vie civilisée aux États-Unis.

On peut démontrer l'importance décisive de la formation et de la transformation de la société bourgeoise d'une autre façon. Quelle est la particularité la plus notable de l'histoire des États-Unis depuis l'arrivée des Européens ?

L'histoire de ce pays s'est distinguée de nombreuses façons. À bien des égards, ce pays est très particulier. Mais ce qui distingue le développement de la vie américaine de celui des autres grandes nations du monde, c'est que la société américaine a crû et s'est construite entièrement à l'époque pendant laquelle le capitalisme s'étendait à l'échelle mondiale. C'est la clé pour comprendre l'histoire des États-Unis, qu'il s'agisse de son histoire coloniale, de celle du 19e siècle ou de celle du 20e siècle.

Ce n'est pas le cas d'autres grands pays comme l'Angleterre, l'Allemagne, la Russie, l'Inde, le Japon ou la Chine. Ces pays sont passés par des périodes prolongées de civilisation esclavagiste ou féodale, dont on peut voir les traces encore aujourd'hui. Il suffit de rappeler comment le général américain Douglas MacArthur a préservé l'empereur du Japon, cette relique féodale, après la deuxième guerre mondiale ou comment la monarchie anglaise continue à faire les délices des journaux du dimanche.

Quand les Européens arrivèrent en Amérique, il n'y avait pas une parcelle de terre dont quelqu'un pouvait dire : « Ceci m'appartient, à moi seul. »

Sioux chassant des bisons dans les grandes plaines d'Amérique, dans les années 1830, représentés par le peintre américain George Catlin.

Les Européens ont apporté en Amérique du Nord des relations économiques et sociales incompatibles avec l'organisation sans classe des Autochtones. En trois siècles, les guerres d'extermination ont mis fin à « l'organisation tribale basée sur des pratiques collectivistes et établi une société ancrée dans la propriété privée, la production pour l'échange, la famille et l'État. » C'est ainsi qu'est né le capitalisme aux États-Unis.

L'Amérique, par contre, a sauté par-dessus la sauvagerie et la barbarie pour aller directement au capitalisme, en saluant au passage l'esclavage et la féodalité, qui n'ont joué qu'un rôle subordonné dans la construction du système bourgeois. En quelques siècles, les Américains ont rapidement franchi les étapes d'un développement social qui, pour le reste de l'humanité, a nécessité plusieurs millénaires. Mais ces deux processus étaient étroitement liés : si le reste de l'humanité n'avait pas déjà achevé ces conquêtes, nous, les Américains, n'aurions pu aller si loin et si vite. Les pionniers doivent accomplir des tâches invariablement plus difficiles et il leur faut beaucoup plus de temps pour les compléter.

La fusion de la révolution antiféodale en Europe avec les guerres d'extermination contre les Autochtones a inauguré l'époque bourgeoise de l'histoire des États-Unis. Cette période a duré plus de cinq siècles. Elle se divise en trois phases distinctes, chacune marquée par des changements révolutionnaires dans la vie de ce pays.

La première période est celle de l'Amérique coloniale, qui s'étend de 1500 à la ratification de la Constitution américaine en 1788-1789. Lorsque nous analysons les formes sociales et les forces économiques de la vie américaine pendant ces trois siècles, nous voyons que l'Amérique coloniale, la période pendant laquelle s'est développée notre civilisation, s'est distinguée par son mélange exceptionnel de matériaux précapitalistes et de formes et forces de production capitalistes émergentes.

Le collectivisme tribal des Autochtones a été transformé, refoulé, anéanti. Des restes de féodalisme ont été importés d'Europe et transplantés ici. Au début du 19e siècle, les *ranchos* du sud de la Californie avaient remplacé des baronnies coloniales. Des colonies entières comme le Maryland et la Pennsylvanie appartenaient à des propriétaires terriens qui en avaient reçu le titre de la monarchie anglaise. De grands propriétaires de plantations exploitaient des serviteurs blancs en servitude et des esclaves africains qui, dans de nombreux endroits, constituaient la main-d'oeuvre principale.

En Amérique du Nord coloniale, la question fondamentale était : quelles forces prévaudraient, les forces précapitalistes ou capitalistes ?

À leurs côtés se trouvaient des centaines de milliers de petits agriculteurs, chasseurs, trappeurs, artisans, commerçants, marchands et autres, associés aux nouvelles formes de propriété et d'activité économique et animés par des coutumes, des sentiments et des idées issus du capitalisme, qui progressait alors en Europe et commençait à prospérer de ce côté-ci de l'Atlantique.

Ce développement soulevait une question fondamentale : quelles forces prévaudraient, les forces précapitalistes ou capitalistes ? Tel a été l'axe autour duquel ont pivoté les luttes sociales dans les colonies, y compris les guerres incessantes entre nations européennes pour la possession du Nouveau Monde, qui ont caractérisé la période coloniale. La confrontation décisive sur ce front est survenue entre les années 1763 et 1789, période pendant laquelle s'est préparée, a muri, a éclaté et s'est conclue la première révolution américaine, première étape de la révolution démocratique bourgeoise sur ce continent.

La première étape de la révolution démocratique bourgeoise américaine a mis fin à la domination réactionnaire de la monarchie britannique.

Révolte à Boston en 1765 contre l'odieux droit de timbre imposé par la monarchie britannique. Des mécaniciens, débardeurs, marins et artisans, soutenus par de petits agriculteurs, étaient à l'avant-garde, avec comme slogan : « Pas d'imposition sans représentation ! »

Dix années de résistance ont abouti à une guerre populaire révolutionnaire. Les masses coloniales ont conquis l'indépendance en 1783 et établi une république. Une alliance de marchands, banquiers et industriels du Nord avec des planteurs esclavagistes du Sud a établi le nouveau gouvernement.

Cette révolution a pris la forme d'une guerre entre, d'un côté, les dirigeants et les partisans de la Grande-Bretagne et, de l'autre, les masses coloniales dirigées par des représentants des marchands, des banquiers et des industriels du Nord ainsi que des propriétaires de plantations du système esclavagiste du Sud, qui était un appendice du capitalisme indigène croissant. Le résultat de cette guerre a déterminé la phase suivante de l'histoire du capitalisme américain. Si la Grande-Bretagne avait préservé sa domination, cela aurait pu freiner et pervertir le développement ultérieur de la société bourgeoise ici comme ce fut le cas en Inde et en Afrique.

La première révolution américaine, avec sa guerre d'indépendance, a été un véritable mouvement populaire. De tels mouvements détruisent beaucoup de ce qui a pourri et est prêt à être enterré. Mais par-dessus tout ils sont socialement créatifs, donnant naissance à des institutions qui fournissent les voies et les moyens pour la prochaine grande avancée. Ce fut certainement le cas de notre première révolution nationale qui est ancrée de manière permanente dans la conscience américaine et internationale. Ses traditions sont si puissantes et si persistantes qu'elles sont une source d'embarras pour les dirigeants capitalistes de ce pays dans leurs relations avec les mouvements d'émancipation coloniales actuels.

Quelles ont été les réalisations les plus remarquables de cette première étape de la révolution démocratique bourgeoise en Amérique du Nord ?

Elle a renversé le régime réactionnaire des 10 000 marchands, banquiers, propriétaires fonciers et industriels de Grande-Bretagne qui, après avoir contribué à faire avancer les colonies américaines, s'étaient convertis en principal obstacle à leur progression. Elle a libéré et unifié les colonies. Elle a éliminé les vestiges féodaux comme les terres de la couronne que détenait la monarchie. Elle a démocratisé les États et leur a donné une forme républicaine de gouvernement. Elle a ouvert la voie à une expansion rapide de la civilisation sous des formes capitalistes autochtones, de l'Atlantique au Pacifique.

La révolution a eu des répercussions internationales. Au cours du siècle suivant, elle a inspiré et protégé des mouvements similaires dans les colonies d'Amérique latine et a même irradié en direction du vieux continent. Lisez le journal du gouverneur Morris, un dirigeant financier du Parti patriote, qui est devenu l'un des premiers ambassadeurs américains en France en 1792. Il était à Paris pour vendre des propriétés américaines à des aristocrates menacés d'exil par la révolution française. Ces clients se plaignaient à Morris, qui les écoutait avec sympathie, que, si ses compatriotes n'avaient pas fait une révolution, les Français n'auraient jamais eu l'idée ou le courage de faire de même.

L'invention de la machine à vapeur, en particulier dans le textile, et celle de la machine à égrener le coton ont donné un regain de vie à l'esclavage.

Mais même la révolution la plus profonde ne peut aller au-delà de ce que permettent les conditions historiques. Les décennies suivantes ont montré que les réalisations de ce premier soulèvement présentaient deux déficiences importantes. La première, c'est que la révolution n'avait pas éliminé et ne pouvait pas éliminer les conditions qui avaient permis à l'institution de l'esclavage de s'enraciner. De nombreux dirigeants de l'époque, dont Thomas Jefferson, espéraient que l'esclavage disparaîtrait en raison de conditions économiques défavorables.

La deuxième, c'est que, même si la révolution avait donné l'indépendance politique aux Américains, elle ne pouvait pas libérer totalement les États-Unis dans un sens capitaliste. Cela comportait deux aspects. Chez eux, les capitalistes du Nord devaient partager le pouvoir avec les propriétaires d'esclaves du Sud, aux côtés desquels ils avaient mené la guerre révolutionnaire pour l'indépendance et établi le nouveau gouvernement. Sur le marché international, ils restaient subordonnés économiquement à la structure industrielle et financière plus avancée de l'Angleterre.

Les dirigeants de la révolution connaissaient bien ces lacunes. Le 30 septembre 1791, le même gouverneur Morris écrivait de Paris au président George Washington :

> Nous ferons [...] de grands et rapides progrès dans les manufactures utiles. C'est tout ce qui nous manque pour achever notre indépendance. Nous serons alors comme un monde à nous. Loin des soubresauts et des guerres de l'Europe, ses révolutions ne serviront qu'à nous instruire et nous divertir. Elles seront comme le rugissement d'une mer tumultueuse qui de loin devient un son plaisant.

Cependant, une aberration historique a altéré cette plaisante perspective. Cet étrange phénomène a résulté d'une double révolution technologique, l'une en Europe, notamment dans l'industrie anglaise, et l'autre dans l'agriculture américaine. L'introduction de machines à vapeur dans les usines anglaises en particulier dans le textile, sa branche la plus importante, a créé une demande de grandes quantités de coton. L'invention de la machine à égrener le coton a permis aux plantations du Sud de répondre à cette demande.

Par conséquent l'esclavage, qui était en train de dépérir, a retrouvé une nouvelle vie. Cette combinaison économique a investi les nobles du royaume cotonnier du Sud d'une richesse et d'un pouvoir considérables. Une étude de l'histoire américaine montre que la lutte pour la suprématie que se sont livrée les forces regroupées autour des esclavagistes du Sud et les éléments antiesclavagistes a dominé la vie nationale et politique du pays durant toute la première moitié du 19e siècle.

La question sociale fondamentale qui se posait à la nation n'apparaissait pas toujours clairement. Mais lorsque l'on cherche la source de tous les autres conflits, on constate qu'ils étaient toujours liés à la question suivante : Que feront les Américains de l'esclavage ?

(Une situation similaire existe aujourd'hui par rapport au capitalisme. Quel que soit le conflit qui agite la vie politique et économique de ce pays, il soulève tôt ou tard la grande question socio-économique : que feront les Américains du capitalisme ?)

Pendant les 50 premières années du 18e siècle, les aristocrates cotonniers du Sud ont indéniablement occupé le devant de la scène. Leur pouvoir et leurs privilèges, qu'ils pensaient pouvoir conserver indéfiniment, les ont rendus présomptueux. Puis vers 1850, les conditions ont commencé à changer assez rapidement. Une nouvelle combinaison de forces sociales est apparue et est devenue assez forte non seulement pour défier le pouvoir esclavagiste mais aussi pour l'affronter, le vaincre dans une guerre civile et l'éliminer.

Il est très instructif d'étudier la mentalité du peuple américain et sa vision du monde en 1848. C'était une

Le capitalisme a causé l'esclavage aux États-Unis, pas le contraire

Les extraits qui suivent proviennent de deux ouvrages de Karl Marx.

[Dans les économies, comme celles du Sud des États-Unis et des Caraïbes, basées sur] les plantations, où les spéculations commerciales commencent dès le début et où la production est destinée au marché mondial, le mode de production capitaliste existe, bien que de manière seulement formelle, puisque l'esclavage de Noirs exclut le libre travail salarié, qui est la base de la production capitaliste.

Mais les entreprises qui utilisent des esclaves sont capitalistes. Le mode de production qu'elles introduisent n'est pas issu de l'esclavage mais s'est greffé sur lui. Dans ce cas, la même personne est capitaliste et propriétaire terrien.

Théories sur la plus-value, 1861-1863

Le fait que non seulement nous décrivons maintenant les propriétaires de plantation en Amérique comme des capitalistes, mais qu'ils *sont* vraiment des capitalistes, vient du fait qu'ils existent en tant qu'anomalies au sein d'un marché mondial basé sur le travail libre.

Manuscrits économiques de 1857-1858 (Grundrisse)

année de révolutions dans les principaux pays d'Europe occidentale. Les Américains, y compris leurs groupes dirigeants, regardaient ces explosions d'un point de vue isolationniste.

Les révolutions européennes ont même réjoui certaines sections des classes dirigeantes aux États-Unis, car elles étaient dirigées principalement contre des monarchies. Il n'y avait pas de monarchies à renverser ici, mais il y avait bel et bien une aristocratie esclavagiste enracinée dans le Sud. La plupart des Américains ordinaires sympathisaient avec les révolutions européennes. Mais ils ne les voyaient que comme une façon de parvenir à ce qui avait déjà été réalisé dans ce pays. Ils se disaient : « Nous avons déjà eu notre révolution et nous n'avons pas besoin d'en avoir une autre ici. Nous avons déjà atteint le quota de révolutions que l'histoire nous a assigné. »

Ils ne pouvaient imaginer ce qui allait se produire dans leur propre pays à peine 15 ans plus tard. Beaucoup de tâches de la révolution démocratique bourgeoise étaient encore inachevées. Au cours des années 1850, il est devenu de plus en plus clair que les esclavagistes du Sud non seulement renforçaient leur autocratie dans les États du Sud, mais essayaient également d'asservir toute la population des États-Unis. Ce petit groupe d'hommes riches s'arrogeait le droit de dire au peuple ce qu'il pouvait et ne pouvait pas faire, jusqu'où le pays devait s'étendre et comment il devait ou ne devait pas gérer les affaires des États-Unis.

Une deuxième révolution s'avéra donc nécessaire pour achever les tâches encore inaccomplies à la fin du 18e siècle et pour régler les principaux problèmes qui avaient surgi entretemps pour le peuple américain. Ce bouleversement révolutionnaire intense et inéluctable a nécessité treize ans de luttes préparatoires, quatre ans et demi de guerre civile, douze ans de reconstruction, environ trente ans en tout.

Le plus important pour nous maintenant, ce sont les résultats concrets de ces mutations. Tous les écoliers savent que le pouvoir des esclavagistes a été aboli et que la population noire s'est libérée de l'esclavage. Mais du point de

Au début du 19e siècle, la vie politique aux États-Unis a été dominée par une lutte pour la suprématie entre les esclavagistes et la bourgeoisie industrielle montante.

En haut : Des esclaves travaillent à égrener le coton dans une plantation du Sud.

En bas : Dépôt de charbon de Port Richmond, à Philadelphie, en 1852. Le charbon de Pennsylvanie était acheminé par canal et voie ferrée vers ce port fluvial et de là jusqu'à New York, Boston et d'autres centres industriels.

L'invention de la machine à vapeur et de l'égreneuse de coton a fait exploser la production de coton par des esclaves au milieu du 19e siècle, augmentant la richesse et le pouvoir des esclavagistes. La production industrielle à partir du travail libre s'accélérait aussi dans le Nord, ce qui a mené à la confrontation inévitable entre la classe des esclavagistes et la bourgeoisie industrielle montante.

vue du développement des États-Unis et du monde, cette révolution a eu comme principale conséquence d'éliminer les derniers obstacles internes à la marche du capitalisme américain et d'ouvrir la voie à la consolidation du pouvoir capitaliste.

C'est au cours de cette période que s'est conclu le combat que se livraient depuis 1492 les forces procapitalistes et précapitalistes sur ce continent. Voyons ce qui advint des peuples représentant divers modes de vie précapitalistes.

Les tribus autochtones, dont le niveau de productivité n'avait pas dépassé le stade de la sauvagerie et de la barbarie, avaient été exterminées, dépossédées ou confinées dans des réserves.

L'Angleterre, qui avait soutenu le féodalisme et la subjugation coloniale, avait été repoussée et le capital industriel américain avait atteint non seulement la suprématie politique mais aussi l'indépendance économique.

Les esclavagistes du Sud, la dernière force précapitaliste redoutable à être écartée de la route, avaient été écrasés et expropriés par la guerre de sécession et la reconstruction.

Les dirigeants capitalistes du système industriel étaient alors comme le comte de Monte-Cristo qui, après s'être échappé de prison et s'être retrouvé enfin libre et propriétaire d'immenses richesses, s'était exclamé : « Le monde est à moi ! » Et depuis ce temps, ils agissent sur cette base.

Je voudrais maintenant faire plusieurs observations sur le développement économique et politique de la société américaine de 1492 jusqu'au triomphe de la classe capitaliste.

Comme on l'a déjà souligné, la propriété privée des moyens de production n'est apparue sur ce continent qu'au 15e siècle. Par la suite, à mesure que les colons se déployaient sur un territoire de plus en plus vaste, les moyens de production ont eu de plus en plus tendance à passer en des mains privées et à être exploités de cette manière. Par exemple, d'un bout à l'autre du pays, des individus et des entreprises se sont approprié et ont parcellisé les terres, qui étaient jusqu'alors en mains tribales.

Ce processus a atteint un niveau encore plus élevé avec la victoire des banquiers, des marchands et des fabricants du Nord au milieu du 19e siècle. Les grandes entreprises ont de plus en plus concentré entre leurs mains les moyens de production, qui étaient déjà en régime de propriété privée. Aujourd'hui, un individu pourrait peut-être construire une voiture ou un avion, mais sans disposer de millions de dollars, il ne serait pas en mesure de concurrencer General Motors, Ford, Lockheed ou Douglas sur le marché. Même un magnat aussi important que Henry J. Kaiser l'a découvert à ses dépens dans l'industrie automobile.

Aujourd'hui, il n'y a pratiquement plus une parcelle de terre sans titre de propriété. En fait, la guerre civile a favorisé ce processus par le Homestead Act (loi de propriété agricole), qui octroyait 65 hectares à des individus, et par d'autres lois du Congrès qui ont cédé des millions d'hectares à des sociétés de chemin de fer. Dans la mesure où le gouvernement distribuait des terres à de petits agriculteurs, c'était une loi progressive. Car c'était le seul moyen d'accélérer le développement de l'agriculture dans les conditions de l'époque.

Il est impossible de décrire ici en détail le peuplement et la construction du Midwest et de l'Ouest, mais il est utile par contre de mentionner certaines conséquences de l'expansion capitaliste. Celle-ci a altéré l'état d'esprit des Américains moyens autrement que celui des Autochtones. Les institutions de la propriété privée ont modifié à tel point la mentalité des Américains moyens qu'il leur est maintenant difficile de se défaire de ses normes. Les Européens ont pénétré dans l'Amérique des Autochtones et leurs descendants s'aventurent dans l'espace sidéral.

> **Entre les deux révolutions aux États-Unis, de petits changements se sont produits dans la vie des gens, dont la majorité pensait qu'un changement révolutionnaire n'était qu'une chimère. Mais ce fut précisément l'accumulation de changements à leur insu qui a créé les conditions pour des transformations plus radicales.**

Une illustration extrême et absurde, mais pour cette raison fort instructive, des effets de l'expansion capitaliste sur la conscience américaine est apparue dans une revue de presse de l'Illinois avec le titre suivant : « Qui est propriétaire de l'espace sidéral ? Un résident de Chicago soutient que c'est lui. » Voici cet article :

> Compte tenu des projets de lancement de satellites à partir de la terre, la question était inévitable [inévitable, bien entendu, pour les Américains qui sont convaincus que la propriété privée est sacrée] : qui possède l'espace sidéral ?
>
> La plupart des experts ont convenu que la question les dépassait. Les scientifiques des fusées ont dit qu'elle relevait de la compétence des experts en droit international.

La place d'avant-garde des travailleurs qui sont noirs

Ne commencez pas avec les Noirs en tant que nationalité opprimée. Commencez avec le bilan historique de la place et du poids d'avant-garde des travailleurs qui sont noirs — une place et un poids disproportionnés par rapport à leur pourcentage parmi les masses laborieuses dans ce pays — dans les grandes luttes politiques et sociales dirigées par le prolétariat aux États-Unis.

Ce bilan remonte aux dernières années de la guerre civile U. S. et particulièrement à la bataille d'après-guerre pour une reconstruction radicale, dans laquelle des travailleurs et agriculteurs noirs ont dirigé dans des régions importantes du Sud à la fois les esclaves libérés et les agriculteurs exploités et travailleurs qui étaient blancs.

Il se poursuit à la fin du 19e siècle et au début du 20e dans les batailles syndicales qui ont bâti le syndicat des Mineurs unis (United Mine Workers) — à une époque où la plupart des syndicats étaient non seulement organisés sur une base de métiers, mais soit excluaient les Noirs soit les ségréguaient dans des sections locales à part.

Métayers, petits fermiers à bail et autres travailleurs ruraux, à la fois noirs et blancs, ont livré des batailles dans les années 1920 et la grande dépression. Les travailleurs qui étaient noirs ont été aux premiers rangs de plusieurs des principales batailles qui ont bâti les syndicats industriels du CIO dans les années 1930.

Pendant la deuxième guerre mondiale, ils ont fait partie de l'avant-garde des travailleurs qui ont refusé de subordonner ou de reporter les luttes pour la justice au nom de l'« effort de guerre patriotique » — en luttant contre la discrimination dans les industries de guerre, en protestant contre les conditions de Jim Crow dans les forces armées et en exigeant (sans succès) que l'administration Roosevelt et le Congrès dominé par le Parti démocrate adoptent une loi fédérale qui mette hors-la-loi les lynchages racistes.

Ils ont été aux premières lignes de ceux qui se sont opposés à la guerre impérialiste. Et plusieurs d'entre nous connaissent de première main l'impact social et politique durable sur la classe ouvrière et le mouvement syndical aujourd'hui du mouvement de masse pour les droits civils et de la montée de la lutte de libération des Noirs du milieu des années 1950 jusqu'au début des années 1970.

Nous ne spéculons pas sur l'avenir. Nous soulignons un bilan historique. C'est une question de faits. C'est un bilan ahurissant, me semble-t-il. Il vous renverse lorsque vous l'entendez.

On ne peut pas dire la même chose en général de la grande majorité des nations ou nationalités opprimées dans d'autres régions du monde. Mais *c'est* le bilan historique de la nationalité noire largement prolétarienne aux États-Unis.

C'est son caractère politique particulier depuis la défaite de l'esclavage, l'effort pour étendre la victoire dans la guerre civile à travers le Sud et le début de l'expansion d'un prolétariat héréditaire moderne aux États-Unis.

C'est sur cette dynamique que Trotsky, il y a déjà plus de 70 ans, attirait l'attention quand il a dit qu'il est possible « que les Noirs deviennent la section la plus avancée » de la classe ouvrière et qu'ils « passent en deux pas gigantesques de l'autodétermination à la dictature du prolétariat, devant la grande masse des travailleurs blancs ». C'est pour cette raison qu'il était « absolument convaincu qu'ils se battront mieux en tout cas que les travailleurs blancs » dans leur ensemble.

JACK BARNES, 2009
Malcolm X, la libération des Noirs et la voie vers le pouvoir ouvrier

Les juristes ont affirmé qu'il n'y a pas de précédent qui pourrait les guider. Seul James T. Mangan, un attaché de presse à l'esprit vif de Chicago, répond catégoriquement à cette question de maîtrise de l'espace : il affirme qu'il le possède.

Pour appuyer sa prétention, il a un titre de propriété conservé dans le bureau du greffier du comté de Cook, à Chicago. Le procureur de l'État a officiellement reconnu ce titre dans un avis juridique de quatre pages en réponse à une requête. C'est ainsi, grâce à ce titre, que Mangan a pris possession de « tout l'espace dans toutes les directions à partir de la Terre à minuit », le 20 décembre 1948.

James T. Mangan a fait savoir que le délai de prescription pour contester le titre se termine le 20 décembre 1955 et a ajouté : « Le gouvernement n'a aucun droit légal à l'espace sans ma permission. »

Si c'est de la folie, elle procède avec méthode. Cette méthode est le ressort même du mode de vie capitaliste. Ce monsieur Mangan, ne fait qu'étendre logiquement à l'exploration de l'espace sidéral le principe d'appropriation qui guidait nos pères fondateurs quand ils ont pris le contrôle du continent américain. Ce fanatique de la propriété privée pense que cette loi s'appliquera, peu importe jusqu'où nous nous envolerons dans l'espace et aussi loin que nous pourrons aller dans le futur. Il ne diffère des autres partisans du capitalisme que par l'audace et la cohérence de sa logique à l'égard de la propriété privée.

Le deuxième point que je veux aborder est la relation entre évolution et révolution. On oppose souvent ces deux phases du développement social comme s'il s'agissait d'une alternative, comme si elles étaient opposées, irréconciliables et sans aucune liaison. Que nous enseigne l'histoire des États-Unis à ce sujet ? Les Américains ont déjà traversé deux périodes révolutionnaires dans leur histoire nationale, chacune étant le point culminant de longues périodes de progrès social fondé sur des réalisations antérieures.

Dans l'intervalle entre les révolutions, des changements relativement petits se sont produits graduellement dans la vie des gens, de sorte qu'ils ont fini par considérer leur environnement social comme acquis, immuable et définitif. Il leur était difficile d'imaginer une situation différente. La possibilité d'un changement révolutionnaire au cours de leur vie leur paraissait fantastique, à tout le moins saugrenue. Pourtant, c'est précisément lors de ces périodes d'évolution progressive que l'accumulation de changements, souvent passés inaperçus, a préparé les transformations plus radicales.

Les nouveaux intérêts de classe, devenus puissants mais toujours insatisfaits, les conflits sociaux et politiques qui éclataient de manière récurrente, mais sans trouver de solution, les changements dans les relations entre forces sociales antagonistes : tout cela a continué à se manifester dans une série de bouleversements jusqu'à ce qu'on atteigne un point critique. La population de ce pays n'était pas téméraire. Elle a fait tout ce qu'elle a pu pour trouver des compromis raisonnables entre les forces en conflit et elle y est souvent parvenue. Mais après un certain temps, les trêves sont devenues inefficaces et éphémères. Le conflit irrépressible entre forces sociales a culminé jusqu'à atteindre un point de rupture.

Examinons la situation des colons américains en 1763. Aux côtés de la chère patrie anglaise, ils venaient tout juste de remporter une guerre contre les Français et des tribus autochtones alliées. Ils n'ont pas prévu qu'au bout de 10 ans ils lutteraient pour leur propre liberté contre l'Angleterre et qu'ils le feraient en s'alliant avec la monarchie française qu'ils avaient combattue en 1763. Ils n'auraient pu y croire. Néanmoins, c'est bien ce qui s'est produit un peu plus d'une décennie plus tard. Le docteur Benjamin Rush, un des représentants de la Pennsylvanie signataires de la Déclaration d'indépendance, a révélé dans son *Autobiographie* que :

> Pas un homme sur mille n'envisageait ni ne souhaitait l'indépendance de notre pays en 1774 et peu de ceux qui favorisaient cette voie ont prévu l'immense influence qu'elle exercerait rapidement sur le caractère national et individuel des Américains.

De même, la majorité des habitants des États du Nord qui ont profité de la vague de prospérité aux États-Unis de 1851 à 1857, la plus grande du 19ᵉ siècle avant la guerre civile, ne pouvaient imaginer que, par suite des bouleversements internes accélérés par cette même prospérité, le pays se diviserait en deux autour de la question de l'esclavage à peine quatre ans après la dépression de 1857.

Ils raisonnaient ainsi : n'y a-t-il pas eu une entente avec les esclavagistes en 1850 et ne serait-il pas possible d'en conclure d'autres ? En effet, de multiples tentatives d'accord s'étaient succédées jusqu'à ce qu'éclate la guerre civile et même après.

Bien sûr, les abolitionnistes, à un pôle, et les « cracheurs de feu » du Sud, à l'autre, prophétisaient un cours différent et, chacun à sa manière, ils se sont préparés pour la révolution à venir. Mais ces voix radicales, venant de la gauche et de la droite, étaient rares et isolées.

Ces épisodes cruciaux de l'histoire des États-Unis montrent que, dans des conditions de société de classe, les périodes d'*évolution* sociale progressive préparent les forces pour la solution *révolutionnaire* des problèmes accumulés et irrésolus des peuples et des nations. Ce nettoyage révolutionnaire crée à son tour les prémisses d'une étape nouvelle et supérieure d'évolution progressive. L'histoire américaine des 18e et 19e siècles illustre cette alternance avec une clarté exceptionnelle.

Un troisième point qu'il importe de souligner lorsqu'on étudie les conséquences du développement capitaliste aux États-Unis, c'est que nos deux révolutions nationales ont découlé directement de conditions internes. Ni l'une ni l'autre n'a été importée par des « agitateurs étrangers », bien que certains, comme le dirigeant révolutionnaire d'origine anglaise Tom Paine, aient joué des rôles importants. Les deux révolutions sont nées du mûrissement de conflits entre forces sociales présentes dans le pays. Mais ce n'est qu'un aspect de la question. Ces luttes internes s'inscrivaient dans le développement économique et social mondial, qui en retour les conditionnait et les définissait.

Nous avons déjà indiqué que le mouvement migratoire d'outre-mer, qui a changé le visage des États-Unis, résultait

Défaite de la reconstruction radicale : pire revers de la classe ouvrière américaine

En 1877, la reconstruction radicale s'était terminée dans une défaite sanglante. Non seulement les Afro-Américains, mais toute la classe ouvrière avaient subi ce qui demeure le pire revers de leur histoire.

La défaite a été orchestrée par les secteurs dominants du capital industriel et du capital bancaire en ascension, une classe qui était incapable de mener à terme une réforme agraire radicale dans l'ancienne Confédération et qui craignait avec raison la montée d'une classe ouvrière unifiée dans laquelle les artisans et les travailleurs industriels noirs et blancs se joindraient en une puissante force d'opposition, alliée aux petits agriculteurs libres.

Les pauvres de la campagne et la classe ouvrière ont été brutalement divisés sur la base de la couleur dans les années qui ont suivi 1877. La valeur de la force de travail a été réduite et la solidarité de classe mutilée. Jim Crow, le système de ségrégation à grande échelle, a été légalisé. Le racisme s'est propagé à un rythme accéléré dans l'ensemble des États-Unis.

FARRELL DOBBS, 1980
Revolutionary Continuity:
Marxist Leadership in the United States
The Early Years, 1848–1917

des révolutions bourgeoises antiféodales qui transformaient alors l'Europe. D'ailleurs, ce sont ces mêmes révolutions qui avaient conduit à la conquête de notre continent. La première révolution américaine a eu lieu pendant l'ère du capitalisme commercial, la première étape du développement capitaliste mondial. Historiquement, elle a fait partie de la série de révolutions bourgeoises démocratiques par lesquelles la classe capitaliste est arrivée au pouvoir à l'échelle internationale. Il faut considérer la première révolution américaine comme la fille de la révolution bourgeoise anglaise du milieu du 17e siècle et, dans un certain sens, comme la mère de la révolution démocratique bourgeoise française de la fin du 18e siècle.

Le commerce de cette époque, non seulement aux États-Unis mais au niveau mondial, a produit dans le Nord une puissante classe marchande soutenue par des travailleurs maritimes, des artisans des villes côtières et des agriculteurs libres dans les campagnes. Ceux-ci sont devenus les troupes de choc des Fils de la liberté. Ce n'est pas par hasard que la dynamique ville portuaire de Boston, peuplée de riches marchands qui voulaient se libérer de l'emprise britannique, de vigoureux travailleurs du port, de débardeurs et de marins, a été à l'avant-garde de la lutte contre la Grande-Bretagne. Ce n'est pas non plus par hasard que la guerre révolutionnaire elle-même a débuté lorsque les Britanniques ont tenté de bâillonner et d'étrangler Boston.

La deuxième révolution américaine a eu lieu durant la plus grande expansion du capitalisme industriel des deux côtés de l'Atlantique. Les années 1848 à 1871 ont été ponctuées par des guerres et des révolutions. Ces conflits ne signifiaient pas que le capital mondial se désintégrait, comme c'est le cas au 20e siècle. Ils ont plutôt permis à la classe capitaliste d'établir sa suprématie absolue en Amérique et dans une série de pays d'Europe.

La deuxième étape de la révolution démocratique bourgeoise aux États-Unis, la guerre civile, a mis les industriels du Nord aux commandes. Il s'est agi de l'événement révolutionnaire le plus marquant de toute la période entre 1848 et 1871, à la suite de l'échec des révolutions en France et en Allemagne en 1848. Elle s'est terminée avec la guerre franco-prussienne et la Commune de Paris en 1871. L'événement décisif de cette période de l'histoire mondiale a été la victoire des capitalistes américains dans ce pays, qui annonçait leur ascension comme puissance mondiale.

En gardant ces leçons à l'esprit, regardons maintenant la marche de la société américaine depuis la fin de la guerre civile jusqu'à aujourd'hui.

Après avoir récolté les fruits de deux révolutions victorieuses, les capitalistes ont commencé à en profiter. Pour eux, les révolutions aux États-Unis étaient maintenant terminées ; le pays allait progresser à petits pas. En effet, la société capitaliste a évolué considérablement en s'appuyant sur les acquis de ses révolutions précédentes.

Mais dans la dialectique de notre développement national, c'est l'expansion extraordinaire des forces de production capitalistes qui a réuni les ingrédients pour une autre confrontation entre des forces de classe qui appartiennent à différents stades de l'évolution économique et sociale.

Depuis 1878, le pays a connu deux grandes tendances dominantes. La principale jusqu'à ce jour a été la concentration croissante du pouvoir économique, politique et culturel entre les mains des monopolistes. On les a parfois contestés mais jamais délogés. Aujourd'hui, ils exercent le pouvoir ouvertement et avec insolence. Comme l'a dit M. Charles Wilson, chef du plus grand monopole et du département de la Défense : « Ce qui est bon pour General Motors est bon pour les États-Unis. »

Cela évoque ce qu'affirmait Louis XIV, ancien monarque absolu : « L'État, c'est moi ». Les funérailles de l'ancien régime français ont eu lieu en 1789. Tout dans ce monde, et cela est particulièrement vrai des régimes politiques et des systèmes sociaux dans une société de classe, porte en son sein sa propre opposition, sa propre opposition fatale. Ceci est certainement vrai de la puissance du capitalisme qui nourrit sa propre némésis dans les capacités productives et politiques du travail salarié.

L'ironie, c'est que plus la classe capitaliste est riche, plus la position sociale des travailleurs exploités qui produisent sa richesse se renforce. Depuis l'apparition des capitalistes et des travailleurs salariés, il y a eu des désaccords, des frictions, des conflits, des grèves, des lock-out, entre ces deux classes et entre certaines de leurs sections. Cela provient de la nature même de leurs relations, qui sont antagoniques.

Dans l'ensemble, jusqu'à présent, ces conflits n'ont jamais dépassé les limites des structures politiques et économiques établies par la guerre civile. Ils ont été atténués, aplanis ou apaisés. Mais en dépit de toutes ces perturbations, les dirigeants monopolistes ont consolidé plus fermement leurs positions dominantes.

Cependant, un examen plus minutieux de l'histoire révèle que la classe ouvrière a de plus en plus d'influence sur notre vie nationale, bien qu'elle demeure toujours subordonnée.

La question qu'il faut de plus en plus se poser est la suivante : cette impasse dans la lutte de classe, caractérisée par la position inférieure des travailleurs, durera-t-elle indéfiniment ? Les capitalistes répondent naturellement que c'est possible et qu'il faut qu'il en soit ainsi. Ils font aussi tout ce qu'ils peuvent pour maintenir le statu quo : d'enseigner à l'école que la structure de classe actuelle subsistera éternellement jusqu'à adopter des lois antiouvrières. Les dirigeants syndicaux acceptent généralement ce postulat.

Ni les porte-parole capitalistes ni les officiers de l'AFL-CIO ne trouveront un quelconque précédent dans l'histoire des États-Unis pour étayer leurs espoirs que la situation actuelle se maintiendra indéfiniment. C'est là une leçon essentielle de notre passé national que souligne la « vision longue » du socialisme. Durant de nombreuses années, mises à part quelques petites querelles occasionnelles, les colons américains s'entendaient bien avec leur mère-patrie et chérissaient même ce lien. Puis un changement très rapide et radical s'est produit dans ces relations, un duel sans quartier.

Il en fut ainsi de la longue coexistence des États libres du Nord et de l'esclavage dans le Sud. Pendant 60 ans, les habitants du Nord ont été dans une position subordonnée face à l'autocratie esclavagiste du Sud, jusqu'à ce que la majorité des habitants du pays en viennent à croire que cette situation perdurerait indéfiniment. Les propriétaires d'esclaves, comme les capitalistes d'aujourd'hui, pensaient que leur « mode de vie américain » représentait le plus haut degré possible de civilisation.

Mais à partir du moment où la nouvelle combinaison de forces progressistes a eu à s'imposer, les conflits, alors arrivés à maturité, se sont transformés en une guerre civile qui a éliminé l'ordre ancien. Les partenaires politiques d'hier sont devenus d'irréconciliables ennemis le lendemain.

Tout comme l'ont fait, à différentes époques, les tyrans britanniques et les esclavagistes du Sud, les agents de la ploutocratie américaine utilisent aujourd'hui toutes leurs ressources pour contenir les forces révolutionnaires dans ce pays. Les monopolistes réussiront-ils là où leurs précurseurs ont échoué ? Réfléchissons à cette question.

Un processus révolutionnaire atteint son point culminant lorsque le pouvoir suprême passe d'une classe à une autre. Quelles sont les rapports de pouvoir qui prévalent

Le mouvement syndical a à sa portée assez de force politique, sans parler de ses capacités économiques et sociales, pour être la force souveraine dans ce pays.

TESSA WORLEY/TOWNSQUARE MEDIA

En haut : Dans les années 30, les Teamsters de Minneapolis ont mené des grèves qui ont converti la ville en bastion syndical et ont syndiqué 250 000 travailleurs du transport routier dans 11 États. La photo montre la garde de défense syndicale à Minneapolis, qui a repoussé une campagne d'organisation des Chemises d'argent fascistes.

En bas : Avril 2021, en Alabama. Quelque 1 100 membres des Mineurs unis d'Amérique ont déclenché une grève contre Warrior Met Coal pour reprendre le terrain perdu en 2016 au niveau des salaires, du temps supplémentaire obligatoire, de la couverture santé et des jours fériés.

aux États-Unis ? Ce sont les hautes sphères capitalistes qui prennent toutes les décisions fondamentales concernant la politique étrangère et intérieure de façon à promouvoir leurs objectifs et leurs intérêts. Le mouvement ouvrier peut parfois modifier telle ou telle décision ou politique mais il ne peut rien faire de plus que de tempérer le pouvoir politique que détiennent les monopolistes.

Cependant, ce rapport de forces révèle une anomalie étonnante. Le mouvement syndical, regroupé au sein de l'AFL-CIO depuis que la Fédération américaine du travail et le Congrès des organisations industrielles ont fusionné en 1955, compte des millions de membres. Avec leurs familles, leurs partisans et leurs amis, les membres du mouvement ouvrier organisé possèdent suffisamment de force politique, sans parler de leurs capacités économiques et sociales, pour devenir la force souveraine de ce pays.

Tout progrès vers la formation d'un parti des travailleurs indépendant basé sur les syndicats ne peut venir que d'un mouvement syndical combatif en voie de se transformer. Un tel progrès pourrait révolutionner la situation existante, allant ainsi très au-delà des intentions ou déclarations programmatiques de ses organisateurs.

Les dirigeants républicains de 1861 n'avaient pas d'intentions révolutionnaires. Ils dirigeaient un parti réformiste. Ils voulaient limiter le pouvoir des esclavagistes. Mais pour y arriver, il fallait bouleverser le rapport qui prévalait entre les classes existantes. Les propriétaires d'esclaves étaient beaucoup plus conscients de cette menace à leur suprématie et l'ont ressentie beaucoup plus vivement que les dirigeants républicains du Nord. C'est pour cette raison qu'ils ont lancé une offensive contrerévolutionnaire afin de récupérer le pouvoir qu'ils détenaient auparavant.

On peut facilement constater ici une analogie avec la possibilité que le mouvement ouvrier devienne la force politique dominante au niveau national, même par une voie réformiste. Un tel changement est-il possible ?

Une série de transferts de pouvoir décisifs a marqué la progression du peuple américain : de la Grande-Bretagne aux marchands et planteurs coloniaux au 18e siècle ; des esclavagistes du Sud aux capitalistes industriels au 19e siècle. Dans la période actuelle de notre histoire nationale, c'est vers un autre transfert colossal qu'évolue la situation, cette fois-ci de la ploutocratie au pouvoir à la classe ouvrière montante et à ses alliés parmi les minorités opprimées.

Au cours du siècle actuel, tout le cours du développement économique, social et politique de ce pays pointe vers un tel transfert de pouvoir. Bien sûr, la classe ouvrière est encore loin d'être dominante et elle est encore moins consciente de sa mission historique. Mais, dans une perspective de vision longue, il est très important de noter les différents rythmes de croissance du potentiel économique, social et politique des prétendants au pouvoir suprême.

Si nous passons en revue l'histoire de ce pays depuis 1876, nous pouvons voir qu'avec la croissance de la classe ouvrière à l'échelle mondiale, l'équilibre des forces s'est constamment déplacé, malgré de nombreuses oscillations, en faveur des travailleurs. Absolument rien, ni la guerre impérialiste, ni les lois fédérales antiouvrières, ni la chasse aux sorcières pendant la guerre froide, n'ont pu freiner cet élan.

Le mérite suprême du socialisme scientifique est qu'il nous permet de participer à ce processus en le comprenant, en luttant pour l'influencer à travers ses différentes étapes, en lui donnant l'orientation nécessaire et en l'accélérant pour que ses grands objectifs se réalisent de la manière la plus économique et la plus efficace. Cette tâche ne peut s'accomplir qu'avec une direction révolutionnaire, qu'avec un parti marxiste qui comprend ses responsabilités pédagogiques et organisationnelles essentielles dans ce processus.

Comme nous l'avons déjà mentionné, l'évolution a franchi une étape décisive lorsque la première créature vivante a acquis une colonne vertébrale. Il y a eu de nombreuses rechutes dans la marche de l'histoire, en particulier dans les luttes qui ont secoué le monde de notre propre génération. Beaucoup de gens ont été effrayés par l'immensité de la tâche ou ont été écrasés par l'adversité au point de perdre leur colonne vertébrale morale et intellectuelle et de perdre de vue la direction de l'évolution sociale.

Cependant, la plus grande leçon qu'on puisse tirer de l'histoire du monde et de celle de l'Amérique du Nord, c'est que les forces motrices progressistes de l'humanité ont surmonté les obstacles les plus formidables et ont fini par triompher. Autrement, nous ne serions pas ici pour raconter cette histoire ou pour aider à écrire son prochain chapitre.

Le peuple américain produira dans l'avenir, comme il l'a fait à des moments critiques dans le passé, des hommes et des femmes plus audacieux avec une vision d'un monde nouveau en devenir. Ces dirigeants combatifs et combattants d'avant-garde, guidés par « la vision longue » du marxisme, prouveront dans la pratique que les perspectives socialistes de l'humanité y compris celles du peuple américain, ne sont pas aussi loin dans le futur qu'elles le paraissent aujourd'hui.

L'époque de la bourgeoisie et la création de ses fossoyeurs

Karl Marx et Friedrich Engels

L'histoire de toute société jusqu'à nos jours est l'histoire des luttes de classe *.

* C'est-à-dire, pour être précis, l'histoire transmise *par écrit*. En 1847, la préhistoire de la société, l'organisation sociale qui a précédé toute l'histoire consignée par écrit, était à peu près inconnue. Depuis, Haxthausen a découvert la propriété commune de la terre en Russie, Maurer a démontré que celle-ci est la fondation sociale d'où sont historiquement issues toutes les tribus germaniques et on a découvert petit à petit que des communes rurales, avec possession commune de la terre, ont été partout la forme primitive de la société, de l'Inde jusqu'à l'Irlande. Enfin, l'organisation interne de cette société communiste primitive a été mise à nu dans sa forme typique par la découverte décisive de Morgan sur la nature véritable de la *gens* et sa place dans la *tribu*.

Avec la dissolution de ces communautés primitives commence la division de la société en classes distinctes et finalement opposées. J'ai tenté de retracer ce processus de dissolution dans *L'origine de la famille, de la*

Extrait tiré des premières pages du Manifeste communiste, le programme de fondation du mouvement ouvrier révolutionnaire, publié pour la première fois en février 1848.

Homme libre et esclave, patricien et plébéien, baron et serf, maître de guilde * et compagnon, bref oppresseurs et opprimés sont restés en opposition constante les uns aux autres, ont mené une lutte ininterrompue, tantôt larvée, tantôt ouverte, une lutte qui s'est chaque fois terminée soit par une transformation révolutionnaire de la société tout entière, soit par la ruine commune des classes en lutte.

L'histoire de toute société jusqu'à nos jours est l'histoire des luttes de classe.

Dans les premières époques historiques, nous constatons presque partout une structuration compliquée de la société en ordres divers, une gradation diversifiée des positions sociales. Dans la Rome antique, nous trouvons des patriciens, des chevaliers, des plébéiens, des esclaves ; au moyen âge, des seigneurs féodaux, des vassaux, des maîtres de guilde, des compagnons, des apprentis, des serfs ; et puis encore, dans presque chacune de ces classes, des gradations subalternes.

Surgie des ruines de la société féodale, la société bourgeoise moderne † n'a pas éliminé les antagonismes de

propriété privée et de l'État, deuxième édition, Stuttgart, 1886. — NOTE D'ENGELS AUX ÉDITIONS ANGLAISE DE 1888 ET ALLEMANDE DE 1890.

* Maître de guilde, c'est-à-dire un membre plein et entier d'une guilde, un maître en son sein, pas la tête d'une guilde. — NOTE D'ENGELS À L'ÉDITION ANGLAISE DE 1888.

† Par bourgeoisie, on entend la classe des capitalistes modernes, qui possèdent les moyens sociaux de production et utilisent du travail salarié. Par prolétariat, la classe des travailleurs salariés modernes qui, puisqu'ils

classe. Elle n'a fait que substituer de nouvelles classes, de nouvelles conditions d'oppression, de nouvelles formes de lutte aux anciennes.

Cependant notre époque, l'époque de la bourgeoisie, se distingue par le fait qu'elle a simplifié les antagonismes de classe. La société entière se scinde de plus en plus en deux vastes camps hostiles, en deux grandes classes qui se font directement face : la bourgeoisie et le prolétariat.

Des serfs du moyen âge sont issus les habitants affranchis des premiers bourgs. À partir de ces habitants affranchis se sont développés les premiers éléments de la bourgeoisie.

La découverte de l'Amérique, le contournement maritime de l'Afrique ont ouvert à la bourgeoisie montante un nouveau champ d'action. Le marché des Indes orientales et de la Chine, la colonisation de l'Amérique, le commerce avec les colonies, la multiplication des moyens d'échange et des marchandises en général ont donné au négoce, à la navigation, à l'industrie une impulsion jusqu'alors inconnue et ont ainsi assuré un développement rapide à l'élément révolutionnaire au sein de la société féodale en décomposition.

Le système industriel féodal, où des guildes fermées monopolisaient la production industrielle, ne pouvait plus satisfaire aux besoins croissants des nouveaux marchés. Le système des manufactures s'y est substitué. La classe moyenne industrielle a supplanté les maîtres de guilde. La division du travail entre les différentes guildes corporatives a disparu devant la division du travail au sein de chaque atelier lui-même.

---

ne possèdent pas leurs propres moyens de production, en sont réduits à vendre leur force de travail pour pouvoir vivre. — NOTE D'ENGELS À L'ÉDITION ANGLAISE DE 1888.

Entre-temps, toujours croissaient les marchés, toujours augmentait la demande. Même la manufacture n'a plus suffi. Alors la vapeur et la machine ont révolutionné la production industrielle. La grande industrie moderne a pris la place de la manufacture. Millionnaires de l'industrie et chefs d'armées industrielles entières, les bourgeois modernes ont pris la place de la classe moyenne industrielle.

L'industrie moderne a créé le marché mondial que la découverte de l'Amérique avait préparé. Ce marché a assuré un développement infini du commerce, de la navigation, des communications terrestres. Ce développement a réagi encore en retour sur l'extension de l'industrie. Et au fur et à mesure que l'industrie, le commerce, la navigation, les chemins de fer s'étendaient, la bourgeoisie se développait, décuplait ses capitaux et rejetait à l'arrière-plan toutes les classes héritées du moyen âge.

Nous voyons donc comment la bourgeoisie moderne est elle-même le produit d'un long processus de développement, d'une série de révolutions dans les modes de production et d'échange.

Chaque pas dans le développement de la bourgeoisie s'est accompagné d'un progrès politique correspondant de cette classe. Classe opprimée sous le règne des seigneurs féodaux ; association armée qui s'administrait elle-même dans la commune médiévale * ; ici, république

---

* « Commune » était le nom adopté en France par les villes naissantes, même avant qu'elles n'aient arraché de leurs seigneurs et maîtres féodaux le pouvoir de s'administrer elles-mêmes au niveau local et des droits politiques en tant que « tiers état ». De façon générale, pour le développement économique de la bourgeoisie, on a pris l'Angleterre comme le pays type ; pour son développement politique, la France. — NOTE D'ENGELS À L'ÉDITION ANGLAISE DE 1888.

C'est ainsi que les habitants des villes en Italie et en France appelaient leur communauté urbaine après avoir acheté ou arraché à leurs seigneurs

urbaine indépendante (comme en Italie et en Allemagne), là, tiers état soumis à l'impôt par la monarchie (comme en France) ; puis à l'époque de la manufacture proprement dite, servant à la monarchie semi-féodale ou absolue de contrepoids à la noblesse ; et en fait pierre angulaire des grandes monarchies en général — depuis la création de l'industrie moderne et du marché mondial, la bourgeoisie s'est enfin emparée du pouvoir politique exclusif dans l'État représentatif moderne. Le pouvoir exécutif de l'État moderne n'est qu'un comité qui gère les affaires communes de la bourgeoisie tout entière.

La bourgeoisie a joué dans l'histoire un rôle éminemment révolutionnaire.

Partout où elle est arrivée au pouvoir, la bourgeoisie a mis fin à toutes les relations féodales, patriarcales et idylliques. Elle a brisé sans pitié les liens féodaux multiples qui rattachaient l'homme à ses « supérieurs naturels » pour ne laisser subsister d'autre lien entre l'homme et l'homme que le pur intérêt, que le froid « paiement comptant ». Elle a noyé les frissons sacrés de l'exaltation pieuse, de l'enthousiasme chevaleresque, du sentimentalisme philistin dans les eaux glacées du calcul égoïste. Elle a dissous la dignité personnelle dans la valeur d'échange. Aux innombrables libertés dûment garanties et inaliénables, elle a substitué cette unique et impitoyable liberté : la liberté de commerce. En un mot, à l'exploitation que masquaient les illusions religieuses et politiques, elle a substitué l'exploitation ouverte, éhontée, directe, brutale.

La bourgeoisie a dépouillé de leur auréole toutes les professions jusqu'alors honorées et admirées avec respect

---

féodaux les premiers droits à une administration autonome. — NOTE D'ENGELS À L'ÉDITION ALLEMANDE DE 1890.

et crainte. Elle a transformé le médecin, le juriste, le curé, le poète, l'homme de science en ses travailleurs salariés.

La bourgeoisie a arraché à la famille son voile de sentimentalité émouvante et a réduit le rapport familial à un simple rapport d'argent.

La bourgeoisie ne peut exister sans révolutionner constamment les instruments et les rapports de production et l'ensemble des rapports sociaux.

La bourgeoisie a montré comment la brutale manifestation de la force au moyen âge, que la réaction admire tant, trouvait son complément approprié dans la fainéantise la plus crasse. Elle a démontré la première ce dont est capable l'activité humaine. Elle a réalisé des merveilles bien supérieures aux pyramides d'Égypte, aqueducs romains et cathédrales gothiques. Elle a conduit des expéditions bien supérieures aux grandes invasions et croisades.

La bourgeoisie ne peut exister sans révolutionner constamment les instruments de production et, par là, les rapports de production et l'ensemble des rapports sociaux. La conservation sans changement des anciens modes de production était au contraire la condition première d'existence de toutes les classes industrielles antérieures. Le bouleversement constant de la production, l'ébranlement ininterrompu de toutes les conditions sociales, l'insécurité et l'agitation perpétuelles distinguent l'époque bourgeoise de toutes les précédentes. Tous les rapports immuables et profondément gelés, avec leur cortège de préjugés et

La découverte de l'Amérique par l'Europe a fourni à la bourgeoisie montante un nouveau champ d'action. Elle a beaucoup stimulé le commerce, la navigation et l'industrie et donc l'élément révolutionnaire de la société féodale décadente.

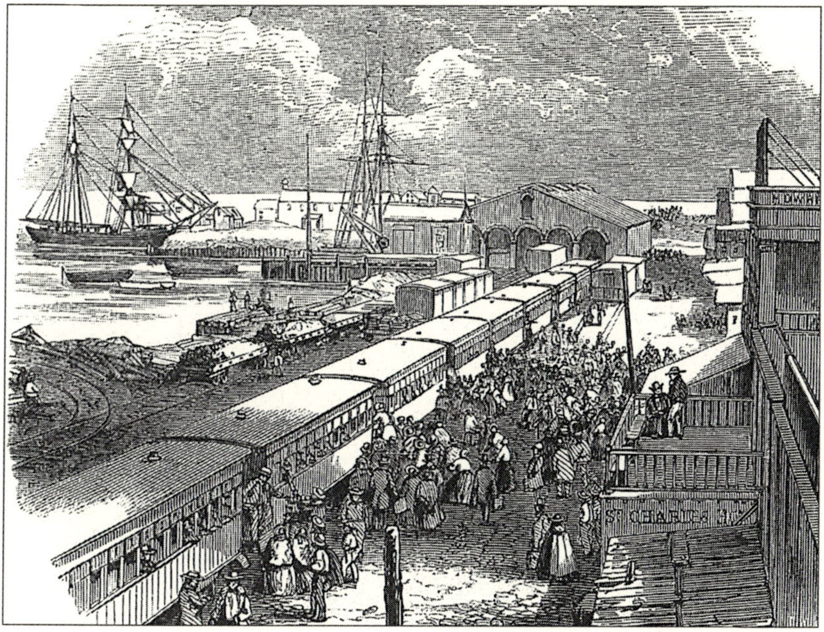

HARPERS WEEKLY/BIBLIOTHÈQUE DU CONGRÈS

Colón, Panama, 1855. Six décennies avant le canal, le chemin de fer Panama transportait des passagers et des marchandises à travers l'isthme vers la Californie, alors en pleine ruée vers l'or.

Ce lien entre les océans Atlantique et Pacifique, plus court que la route maritime autour de l'Amérique du Sud, a révolutionné le commerce capitaliste.

d'opinions anciennes et vénérables, sont balayés, tous les rapports nouvellement établis vieillissent avant de pouvoir se scléroser. Tout ce qui est solide se volatilise, tout ce qui est sacré est profané et l'homme est enfin contraint de regarder lucidement ses conditions de vie réelles et ses relations avec ses semblables.

Le besoin de débouchés toujours plus larges pour ses produits fait courir la bourgeoisie autour du globe entier. Il lui faut se nicher partout, s'installer partout, établir des relations partout.

Par son exploitation du marché mondial, la bourgeoisie donne un caractère cosmopolite à la production et à la consommation de chaque pays. Au grand regret des réactionnaires, elle a retiré sa base nationale sous les pieds de l'industrie. Toutes les industries nationales établies de longue date ont été détruites ou sont tous les jours détruites. Elles sont supplantées par de nouvelles industries, dont l'introduction devient une question de vie ou de mort pour toutes les nations civilisées, par des industries qui ne transforment plus des matières premières locales mais des matières premières venues des zones les plus reculées et dont les produits se consomment non seulement dans le pays même, mais dans chaque coin du globe.

À la place des anciens besoins que la production nationale satisfaisait paraissent des besoins nouveaux, qui réclament pour leur satisfaction les produits des contrées et des climats les plus lointains. À l'isolement et à l'autosuffisance locale et nationale d'autrefois se substituent des relations universelles, une interdépendance universelle des nations. Et ce qui est vrai de la production matérielle l'est aussi de la production intellectuelle. Les oeuvres intellectuelles des nations particulières deviennent bien commun. L'étroitesse d'esprit et l'exclusivisme nationaux deviennent de plus en plus impossibles. Et de la multiplicité des littératures nationales et locales naît une littérature mondiale.

Quel siècle antérieur soupçonnait même que de pareilles forces productives sommeillaient au sein du travail social ?

Par l'amélioration rapide de tous les instruments de production, par des communications infiniment plus faciles, la bourgeoisie entraîne toutes les nations dans la civilisation, même les plus barbares. Les prix bon marché de ses produits sont l'artillerie lourde avec laquelle elle bat en brèche toutes les murailles de Chine et avec laquelle elle contraint à capituler la haine la plus obstinée des barbares pour les étrangers. Sous peine de mort, elle contraint toutes les nations à adopter le mode de production bourgeois. Elle les contraint à introduire chez elles ce qu'elle appelle civilisation, c'est-à-dire à devenir elles-mêmes bourgeoises. En un mot, elle se crée un monde à son image.

La bourgeoisie a soumis la campagne à la domination de la ville. Elle a créé d'énormes villes, a considérablement multiplié la population urbaine par rapport à celle de la campagne et a ainsi arraché une partie significative de la population à l'abrutissement de la vie rurale. De même qu'elle a subordonné la campagne à la ville, elle a subordonné les pays barbares ou semi-barbares aux pays civilisés, les pays de paysans aux pays de bourgeois, l'Orient à l'Occident.

La bourgeoisie supprime de plus en plus l'éparpillement de la population, des moyens de production et de la propriété. Elle a aggloméré la population, centralisé les moyens de production et concentré la propriété dans un petit nombre de mains. La conséquence nécessaire de ces changements a été la centralisation politique. Des provinces indépendantes ou tout juste fédérées entre elles, avec des intérêts, des législations, des gouvernements et des systèmes de taxation différents, ont été concentrées en *une* nation, *un* gouvernement, *une* législation, *un* intérêt national de classe, *une* frontière et *un* cordon douanier.

Au cours de son règne de classe à peine centenaire, la bourgeoisie a créé des forces productives plus massives et plus colossales que toutes les générations précédentes prises ensemble. Asservissement des forces de la nature à l'homme, machinisme, application de la chimie à l'industrie et à l'agriculture, navigation à vapeur, chemins de fer, télégraphes électriques, défrichement de continents entiers, canalisation de rivières, populations entières jaillies du sol comme par enchantement — quel siècle antérieur soupçonnait même que de pareilles forces productives sommeillaient au sein du travail social ?

Voici donc ce que nous avons vu. Les moyens de production et d'échange, sur la base desquels la bourgeoisie s'est édifiée, ont été créés au sein de la société féodale. À un certain stade du développement de ces moyens de production et d'échange, les rapports dans lesquels la société féodale produisait et échangeait, l'organisation féodale de l'agriculture et de la manufacture, en un mot les rapports de propriété féodaux, ont cessé d'être compatibles avec les forces productives déjà développées. Ils se sont transformés en autant de chaînes. Il fallait briser ces chaînes. On les brisa.

À leur place s'est substituée la libre concurrence, accompagnée d'une constitution sociale et politique lui correspondant et de la domination économique et politique de la classe bourgeoise.

Un processus similaire se produit sous nos propres yeux. Avec ses rapports de production, d'échange et de propriété, la société bourgeoise moderne qui a fait apparaître comme par enchantement des moyens de production et d'échange aussi puissants ressemble au sorcier qui ne sait plus dominer les puissances infernales qu'il a invoquées par ses incantations. Depuis des dizaines d'années, l'histoire de l'industrie et du commerce n'est autre chose que l'histoire de la révolte des forces productives modernes contre les rapports de production modernes, contre les rapports de propriété qui sont les conditions d'existence de la bourgeoisie et de sa domination.

Il suffit de mentionner les crises commerciales qui, par leur retour périodique, remettent en question de façon toujours plus menaçante l'existence de toute la société bourgeoise. Ces crises détruisent régulièrement une grande partie non seulement des produits existants, mais aussi des forces productives déjà créées. Dans ces crises, une épidémie éclate qui, à toutes les époques précédentes, aurait semblé absurde : l'épidémie de la surproduction. La société se trouve subitement ramenée à un état de barbarie momentanée. On dirait qu'une famine, une guerre d'extermination généralisée lui ont coupé tous les moyens de subsistance. L'industrie et le commerce semblent anéantis.

Et pourquoi ? Parce que la société possède trop de civilisation, trop de moyens de subsistance, trop d'industrie, trop de commerce. Les forces productives dont elle dispose ne servent plus à promouvoir le développement des rapports de propriété bourgeois. Au contraire, elles sont devenues trop puissantes pour ces rapports qui les entravent. Et dès que les forces productives surmontent cette entrave, elles précipitent toute la société bourgeoise dans le désordre, elles mettent l'existence de la propriété bourgeoise en danger. Les rapports bourgeois sont trop étroits pour contenir les richesses qu'ils créent.

Et comment la bourgeoisie surmonte-t-elle ces crises ? D'un côté, en imposant la destruction massive de forces productives ; de l'autre, en conquérant de nouveaux marchés et en exploitant plus à fond les anciens. Comment donc ? En préparant des crises plus générales et plus destructrices et en réduisant les moyens de les prévenir.

Les armes dont la bourgeoisie s'est servie pour abattre le féodalisme se retournent aujourd'hui contre la bourgeoisie elle-même.

Mais la bourgeoisie n'a pas seulement forgé les armes qui la mettront à mort. Elle a produit aussi les hommes qui manieront ces armes : la classe ouvrière moderne, les prolétaires.

À mesure que se développe la bourgeoisie, c'est-à-dire le capital, se développe aussi le prolétariat, la classe moderne des travailleurs qui ne vivent qu'à la condition de trouver du travail et qui n'en trouvent que si leur travail accroît le capital. Contraints de se vendre à la pièce, ces travailleurs sont une marchandise comme tout autre article de commerce. Ils sont donc exposés à toutes les vicissitudes de la concurrence, à toutes les fluctuations du marché.

Le développement du machinisme et la division du travail ont fait perdre au travail du prolétaire tout caractère indépendant et ainsi tout attrait pour le travailleur. Ce dernier devient un appendice de la machine, dont on n'exige que l'opération la plus simple, la plus monotone, la plus facile à apprendre. Par conséquent, le coût de production d'un travailleur se réduit à peu près uniquement aux vivres dont il a besoin pour sa subsistance et la reproduction de sa race.

Mais le prix d'une marchandise, et donc aussi celui du travail, est égal au coût de sa production. Ainsi, plus le travail devient répugnant, plus le salaire baisse. Encore plus, à mesure que s'accroissent le machinisme et la division du travail, s'accroît aussi le fardeau du labeur, soit par l'augmentation des heures de travail, soit par l'augmentation du travail exigé dans un temps donné, l'accélération de la vitesse des machines, etc.

À mesure que s'accroissent le machinisme et la division du travail, s'accroît aussi le fardeau du labeur, par l'augmentation des heures de travail, par l'augmentation du travail exigé dans un temps donné ou par l'accélération de la vitesse des machines.

L'industrie moderne a transformé le petit atelier du maître patriarcal en la grande usine du capitaliste industriel. Entassées dans l'usine, des masses de travailleurs sont organisées militairement. En tant que simples soldats de l'armée industrielle, ils sont placés sous la surveillance d'une hiérarchie complète d'officiers et de sous-officiers. Ils ne sont pas seulement les esclaves de la classe bourgeoise et de l'État bourgeois. Ils sont à chaque jour et à chaque heure les esclaves de la machine, du contremaître et surtout du fabricant bourgeois individuel lui-même. Plus ce despotisme proclame ouvertement le profit comme son but, plus il est mesquin, odieux et exaspérant.

Moins le travail manuel réclame d'habileté et de force, c'est-à-dire plus l'industrie moderne se développe, plus le travail des hommes est supplanté par celui des femmes. Les distinctions d'âge et de sexe n'ont plus de valeur sociale particulière pour la classe ouvrière. Il n'y a plus que des instruments de travail dont le coût varie selon l'âge et le sexe.

Aussitôt que s'achève l'exploitation du travailleur par le fabricant, c'est-à-dire qu'il reçoit son salaire en liquide, les autres éléments de la bourgeoisie s'abattent sur lui : le propriétaire, le petit commerçant, le prêteur sur gages, etc.

Les couches inférieures de la classe moyenne — les petits commerçants, boutiquiers et négociants retraités en général, les artisans et paysans — toutes ces couches tombent graduellement dans le prolétariat : en partie parce que leur faible capital ne suffit pas à opérer à l'échelle de l'industrie moderne et qu'ils succombent à la concurrence avec les grands capitalistes ; en partie parce que leur savoir-faire spécialisé perd toute valeur face aux nouvelles méthodes de production. Ainsi le prolétariat se recrute-t-il dans toutes les classes de la population.

Le prolétariat passe par différents stades de développement. Sa lutte contre la bourgeoisie commence avec sa naissance. Au début, la dispute s'engage par des travailleurs individuels, ensuite par les ouvriers d'une même usine, puis par les travailleurs d'une même branche d'industrie, dans une même localité, contre le bourgeois individuel qui les exploite directement. Ceux-ci dirigent leurs attaques non pas contre les rapports bourgeois de production, ils les dirigent contre les instruments de production eux-mêmes. Ils détruisent les marchandises importées qui font concurrence à leur travail. Ils brisent les machines. Ils mettent le feu aux usines. Ils s'efforcent de reconquérir par la force la position disparue du travailleur du moyen âge.

À ce stade, les travailleurs forment une masse incohérente et éparpillée à travers tout le pays, fragmentée par leur concurrence mutuelle. Si quelque part les travailleurs agissent ensemble de façon massive, il ne s'agit pas encore de la conséquence de leur propre union active, mais de celle de la bourgeoisie qui, pour atteindre ses propres objectifs politiques, se voit contrainte de mettre en branle le prolétariat tout entier et est encore capable de le faire pour le moment. À ce stade, les prolétaires ne combattent donc pas leurs ennemis, mais les ennemis de leurs ennemis : les vestiges de la monarchie absolue, les propriétaires terriens, les bourgeois non industriels, la petite bourgeoisie. Tout le mouvement historique est ainsi concentré entre les mains de la bourgeoisie ; chaque victoire ainsi remportée est une victoire de la bourgeoisie.

Mais avec le développement de l'industrie, le prolétariat ne fait pas que s'accroître. Il est concentré en masses plus importantes. Sa force augmente et il le sent davantage. Les intérêts et les conditions d'existence multiples dans les rangs du prolétariat s'égalisent de plus en plus à mesure que les machines effacent toutes les différences dans le travail et réduisent presque partout les salaires à un niveau également bas. La concurrence croissante des bourgeois entre eux et les crises commerciales qui en résultent rendent les salaires des travailleurs de plus en plus fluctuants. L'amélioration incessante et toujours plus rapide des machines rend l'existence de ces derniers de plus en plus précaire. De plus en plus les conflits entre le travailleur individuel et le bourgeois individuel prennent le caractère de conflits entre deux classes. À ce moment, les travailleurs commencent à former des coalitions (des syndicats) contre les bourgeois. Ils se rassemblent pour défendre le taux de salaire. Ils établissent des associations permanentes afin de se constituer des provisions en vue des révoltes occasionnelles. Parfois la lutte éclate en émeutes.

De temps en temps, les travailleurs triomphent, mais seulement de façon éphémère. Le véritable résultat de leurs luttes n'est pas le succès immédiat mais l'union de plus en plus large des travailleurs. Cette union est facilitée par l'amélioration des moyens de communication que crée l'industrie moderne et qui mettent les travailleurs de différentes localités en contact les uns avec les autres. Ce simple contact a suffi pour centraliser les nombreuses luttes locales, qui partout revêtent le même caractère, en une seule lutte nationale entre les classes. Mais toute lutte de classe est une lutte politique. Et l'union qu'il a fallu aux bourgeois du moyen âge, avec leurs chemins vicinaux, des siècles à établir, les prolétaires modernes la réalisent en quelques années grâce aux chemins de fer.

De toutes les classes qui, à l'heure actuelle, font face à la bourgeoisie, seul le prolétariat est une classe vraiment révolutionnaire.

La concurrence que se livrent les travailleurs entre eux fait encore constamment éclater cette organisation des prolétaires en classe et donc en parti politique. Mais cette organisation renaît toujours, plus forte, plus solide, plus puissante. Elle impose la reconnaissance sous forme de loi de certains intérêts des travailleurs en profitant des divisions internes de la bourgeoisie. C'est ainsi qu'a été adoptée la loi des dix heures en Angleterre.

En général, les conflits entre les classes de la vieille société favorisent de diverses manières le cours de développement

Les travailleurs forment des syndicats pour défendre leurs salaires. Ils triomphent parfois, mais seulement temporairement. Le vrai fruit de leurs luttes réside dans leur unité toujours croissante.

FIOE, SECTION LOCALE 304

Topeka, Kansas. Grâce à la grève qu'ils ont déclenchée en juillet 2021, les 600 travailleurs de Frito-Lay, membres du syndicat des travailleurs de boulangerie (BCTM), ont réussi à empêcher l'imposition d'horaires de travail inhumains, qu'ils appelaient des « équipes suicides ». Les gains qu'ils ont réalisés ont poussé d'autres travailleurs à utiliser leurs propres syndicats pour résister aux attaques des employeurs contre les salaires, les avantages et les conditions de travail.

du prolétariat. La bourgeoisie se trouve en lutte constante : d'abord contre l'aristocratie ; plus tard contre des sections de la bourgeoisie elle-même dont les intérêts entrent en contradiction avec le progrès de l'industrie ; et toujours contre la bourgeoisie des pays étrangers. Dans toutes ces luttes, elle se voit obligée de faire appel au prolétariat, de demander son aide et de l'entraîner ainsi dans l'arène politique. La bourgeoisie apporte donc elle-même au prolétariat les éléments de sa propre éducation politique et générale. Autrement dit, elle fournit au prolétariat des armes pour combattre la bourgeoisie.

De plus, comme nous l'avons déjà vu, des fractions entières de la classe dominante sont, par le progrès de l'industrie, précipitées dans le prolétariat ou tout au moins menacées dans leurs conditions d'existence. Elles aussi apportent au prolétariat de nouveaux éléments d'éducation et de progrès.

Enfin, dans les moments où la lutte des classes approche de l'heure décisive, le processus de dissolution en cours au sein de la classe dominante, en fait au sein de la vieille société tout entière, prend un caractère si violent, si âpre qu'une petite partie de la classe dominante se détache de celle-ci et se rallie à la classe révolutionnaire, à la classe qui porte l'avenir en ses mains. Ainsi, de même que jadis une partie de la noblesse est passée à la bourgeoisie, de nos jours une partie de la bourgeoisie passe au prolétariat, notamment une partie des idéologues bourgeois qui se sont élevés à une compréhension théorique du mouvement historique dans son ensemble.

De toutes les classes qui, à l'heure actuelle, font face à la bourgeoisie, seul le prolétariat est une classe vraiment révolutionnaire. Les autres classes périclitent et finalement sombrent face à l'industrie moderne. Le prolétariat en est le produit caractéristique et essentiel.

La classe moyenne inférieure, le petit fabricant, le commerçant, l'artisan, le paysan — tous combattent la bourgeoisie pour sauver leur existence du naufrage en tant que fractions de la classe moyenne. Ils ne sont donc pas révolutionnaires, mais conservateurs. Plus encore, ils sont réactionnaires car ils cherchent à faire tourner la roue de l'histoire à l'envers. Si par hasard ils sont révolutionnaires, ils ne le sont qu'au regard de leur passage imminent au prolétariat. Ils ne défendent donc pas leurs intérêts actuels, mais futurs. Ils abandonnent leur propre point de vue pour se placer du point de vue du prolétariat.

Le mouvement prolétarien est le mouvement conscient, indépendant, de l'immense majorité dans l'intérêt de l'immense majorité.

La « classe dangereuse », la racaille sociale, cette masse en putréfaction passive dont se débarrassent les plus basses couches de la vieille société, peut parfois être précipitée dans le mouvement par une révolution prolétarienne. Ses conditions de vie la disposeront cependant bien plus à se laisser acheter pour des menées réactionnaires.

Les conditions d'existence de la vieille société en général sont déjà anéanties dans les conditions d'existence du prolétariat. Le prolétaire n'a pas de propriété. Ses rapports avec sa femme et ses enfants n'ont plus rien de commun avec les rapports familiaux bourgeois. Le travail industriel moderne — l'asservissement moderne au capital, aussi bien en Angleterre qu'en France, en Amérique qu'en Allemagne — lui a ôté toute trace de caractère national. Les lois, la morale, la religion sont pour lui autant de préjugés bourgeois derrière lesquels se cachent aux aguets autant d'intérêts bourgeois.

Toutes les classes qui dans le passé se sont emparées du pouvoir cherchaient à consolider leur position sociale déjà acquise en soumettant l'ensemble de la société à leur propre mode d'appropriation. Les prolétaires ne peuvent s'emparer des forces productives sociales qu'en abolissant le mode d'appropriation qui a été le leur jusque-là et ainsi tous les autres modes d'appropriation antérieurs. Les prolétaires n'ont rien à eux à protéger et à renforcer. Ils ont à détruire toutes les garanties et assurances antérieures de la propriété individuelle.

Tous les mouvements historiques ont été jusqu'ici des mouvements de minorités ou dans l'intérêt de minorités. Le mouvement prolétarien est le mouvement conscient, indépendant, de l'immense majorité dans l'intérêt de l'immense majorité. Couche la plus basse de la société actuelle, le prolétariat ne peut se soulever, ne peut se redresser, sans faire sauter toute la superstructure des couches qui constituent la société officielle.

Bien qu'elle ne le soit pas dans son contenu, la lutte du prolétariat contre la bourgeoisie est d'abord nationale dans sa forme. Le prolétariat de chaque pays doit naturellement en finir d'abord avec sa propre bourgeoisie.

En retraçant les phases les plus générales du développement du prolétariat, nous avons suivi l'histoire de la guerre civile plus ou moins larvée qui fait rage au sein de la société existante, jusqu'au point où cette guerre éclate en une révolution ouverte et où le prolétariat établit les bases de sa domination par le renversement violent de la bourgeoisie.

Jusqu'ici comme nous l'avons déjà vu, toute société a reposé sur l'antagonisme entre classes oppressives et classes opprimées. Mais afin de pouvoir opprimer une classe, il faut lui garantir des conditions au sein desquelles elle peut au moins poursuivre son existence dans la servitude. Le serf est parvenu à devenir membre de la commune sous le régime du servage, comme le petit bourgeois est parvenu à devenir bourgeois sous le joug de l'absolutisme féodal. Le travailleur moderne par contre, au lieu de s'élever avec le progrès de l'industrie, descend de plus en plus profondément au-dessous du niveau des conditions d'existence de sa propre classe. Il tombe dans le paupérisme et le paupérisme se développe encore plus rapidement que la population et la richesse. Il en ressort donc clairement que la bourgeoisie est inapte à demeurer plus longtemps la classe dirigeante de la société et à imposer comme loi suprême à la société les conditions d'existence de sa classe. Elle est inapte à régner parce qu'elle est incapable d'assurer même dans le cadre de son esclavage l'existence de son esclave, parce qu'elle est obligée de le laisser tomber dans une situation où elle doit le nourrir au lieu de se faire nourrir par lui. La société ne peut plus vivre sous la bourgeoisie. Autrement dit, l'existence de cette dernière n'est plus compatible avec la société.

La condition essentielle de l'existence et de la domination de la classe bourgeoise est la formation et l'accroissement du capital. La condition du capital est le travail salarié. Le travail salarié repose exclusivement sur la concurrence des travailleurs entre eux. Le progrès de l'industrie dont la bourgeoisie est l'agent involontaire substitue à l'isolement des travailleurs créé par leur concurrence leur union révolutionnaire créée par leur association. Le développement de l'industrie moderne sape donc sous les pieds de la bourgeoisie la base même sur laquelle elle produit et s'approprie les produits. Ce que la bourgeoisie produit donc avant tout, ce sont ses propres fossoyeurs. Sa chute et la victoire du prolétariat sont également inévitables.

Quel est le rapport des communistes avec les prolétaires en général ?

Les communistes ne constituent pas un parti distinct opposé aux autres partis ouvriers.

Ils n'ont pas d'intérêts séparés et indépendants de ceux de l'ensemble du prolétariat.

Ils ne proclament pas de principes sectaires qui leur soient propres selon lesquels façonner le mouvement prolétarien.

Les propositions théoriques des communistes ne sont que l'expression générale des véritables rapports issus d'une lutte de classe qui existe, d'un mouvement historique qui s'opère sous nos propres yeux.

Les communistes ne se distinguent des autres partis prolétariens que sur deux points. 1. Dans les luttes nationales des prolétaires des différents pays, ils soulignent et font valoir les intérêts communs à l'ensemble du prolétariat et indépendants de toute nationalité. 2. Dans les diverses phases de développement que doit traverser la lutte de la classe ouvrière contre la bourgeoisie, ils représentent toujours et partout l'intérêt de l'ensemble du mouvement.

Les communistes sont donc en pratique la section la plus avancée et la plus résolue des partis ouvriers de chaque pays, la section qui pousse les autres toujours plus loin. Sur le plan de la théorie, ils ont sur la grande masse du prolétariat l'avantage de comprendre clairement la ligne de marche, les conditions et les résultats généraux ultimes du mouvement prolétarien.

Le but immédiat des communistes est le même que celui de tous les autres partis prolétariens : constitution du prolétariat en classe, renversement de la domination de la bourgeoisie, conquête du pouvoir politique par le prolétariat.

Les propositions théoriques des communistes ne reposent nullement sur des idées, sur des principes inventés ou découverts par tel ou tel aspirant réformateur universel.

Elles ne sont que l'expression générale des véritables rapports issus d'une lutte de classe qui existe, d'un mouvement historique qui s'opère sous nos propres yeux.

INDEX

12 $ US

15 $ US

20 $ US

Trois livres qui n'en font qu'un,

sur comment construire un parti qui est ouvrier par son programme, sa composition et ses actions. Un parti qui, dans ce qu'il fait et dit, reconnaît le fait le plus révolutionnaire de notre époque :

que nous, les travailleurs, pouvons créer un monde différent en agissant ensemble pour défendre nos intérêts de classe, pas ceux des classes privilégiées qui nous exploitent, pas ceux qui nous craignent parce qu'ils nous voient comme des « déplorables » ou de simples « déchets ». En suivant une voie révolutionnaire vers le pouvoir des travailleurs, nous nous transformerons et découvrirons notre propre valeur. Aussi en anglais et en espagnol.

Offre spéciale
Les trois livres pour 30 $ US

Le tournant vers l'industrie et *Tribuns du peuple et syndicats* 20 $ US

Un de ces livres et *Malcolm X, la libération des Noirs et la voie vers le pouvoir ouvrier* 25 $ US

WWW.PATHFINDERPRESS.COM

LA CRISE CAPITALISTE ET LA LUTTE POUR LE POUVOIR OUVRIER

Sont-ils riches parce qu'ils sont intelligents ?

Classe, privilège et apprentissage sous le capitalisme

JACK BARNES

Ce livre expose la montée des inégalités de classe aux États-Unis et les justifications intéressées des professionnels bien payés qui pensent que leur « génie » les habilitent à « réglementer » les travailleurs, qui ne sauraient pas ce qui est dans leur propre intérêt. 10 $ US. Aussi en anglais, espagnol, farsi et arabe.

Le bilan anti-ouvrier des Clinton

Pourquoi Washington craint les travailleurs

JACK BARNES

Ce que les travailleurs doivent savoir sur le cours, axé sur le profit, des démocrates et des républicains au cours des 30 dernières années. L'éveil politique des travailleurs qui cherchent à comprendre et à résister aux attaques des dirigeants capitalistes. 10 $ US. Aussi en anglais, espagnol, farsi et grec.

Une révolution socialiste est-elle possible aux États-Unis ?

Un débat nécessaire entre travailleurs

MARY-ALICE WATERS

« Oui », répond l'auteure sans hésiter. Possible, mais pas inévitable. Ça dépend de ce que font les travailleurs. 7 $ US. Aussi en anglais, espagnol et farsi.

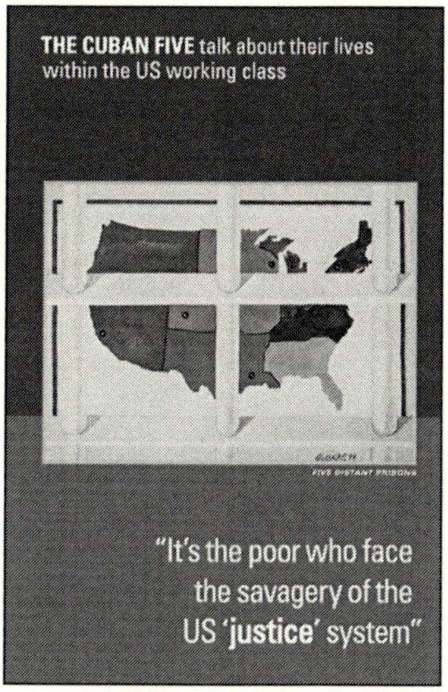

« Ce sont les pauvres qui font face à la sauvagerie du système de « justice » US »

Les Cinq Cubains parlent de leur vie au sein de la classe ouvrière aux États-Unis

Police, tribunaux, prison, libération conditionnelle : le système de « justice » US fonctionne comme « une énorme machine à broyer les gens ». Victimes d'un coup monté du gouvernement US et incarcérés pendant 16 ans aux États-Unis, cinq révolutionnaires cubains expliquent la dévastation humaine engendrée par la « justice » capitaliste. Ils expliquent en quoi Cuba socialiste est différente. 10 $ US. En anglais, espagnol, farsi et grec.

En défense de la classe ouvrière américaine

MARY-ALICE WATERS

En 2018, les grèves victorieuses de dizaines de milliers d'enseignants et d'autres travailleurs de la Virginie-Occidentale et de l'Oklahoma ont été, pour tous les travailleurs, un exemple de lutte pour la dignité et le respect. 7 $ US. Aussi en anglais, espagnol, farsi et grec.

L'histoire du trotskysme américain, 1928-1938

Le rapport d'un participant

JAMES P. CANNON

« Le trotskysme n'est pas un nouveau mouvement, une nouvelle doctrine, écrit Cannon, mais la restauration, la renaissance du marxisme véritable tel qu'il a été exposé et appliqué au cours de la révolution russe et des premiers jours de l'Internationale communiste. » 17 $ US. Aussi en anglais et en espagnol.

CONSTRUIRE UN PARTI PROLÉTARIEN

Le creux de la résistance ouvrière est derrière nous

Le Parti socialiste des travailleurs regarde vers l'avant

JACK BARNES, MARY-ALICE WATERS
STEVE CLARK

L'ordre mondial imposé par les vainqueurs du carnage inter-impérialiste de la deuxième guerre mondiale est en train de voler en éclats, avec des ramifications explosives pour les travailleurs et les agriculteurs du monde entier. Une longue période de retraite de la classe ouvrière et des syndicats a pris fin. De plus en plus de travailleurs de tous les âges, de toutes les couleurs de peau et des deux sexes disent : « Trop, c'est trop ». Ce livre attire l'attention sur les opportunités à venir pour les travailleurs ayant une conscience de classe de forger un parti de travailleurs basé sur les syndicats. Et une avant-garde prolétarienne de masse capable de mener la lutte pour mettre fin à la domination capitaliste, offrant un avenir à l'humanité. 10 $ US. Aussi en anglais et en espagnol.

La lutte pour un parti prolétarien (extraits)

JAMES P. CANNON

« Les travailleurs américains, écrit James P. Cannon, sont assez puissants pour renverser la structure du capitalisme ici et pour soulever le monde entier en se dressant. » À la veille de la deuxième guerre mondiale, un fondateur du mouvement communiste aux États-Unis et un dirigeant de l'Internationale communiste du temps de Lénine défend le programme du bolchevisme et ses normes de construction du parti. 5 $ US. Aussi en anglais, espagnol et farsi.

Le programme de transition pour la révolution socialiste

LÉON TROTSKY

17 $ US. En anglais et en farsi.

LA QUESTION JUIVE, LA LUTTE CONTRE LE FASCISME ET LA CLASSE OUVRIÈRE

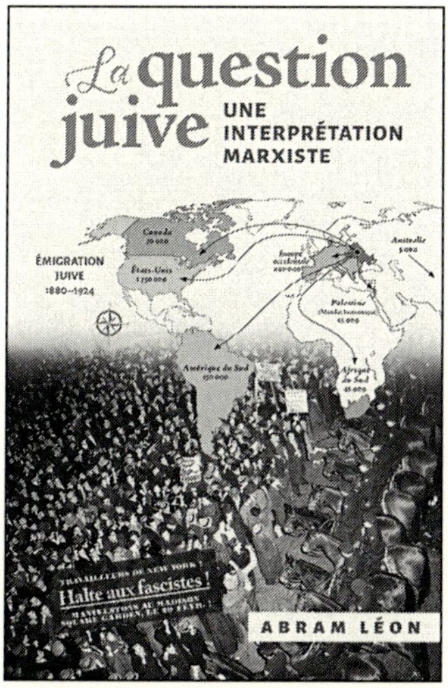

La question juive

Une interprétation marxiste

ABRAM LÉON

Pourquoi la haine des Juifs montre-t-elle toujours son visage hideux ? Quelles en sont les racines de classe ? Pourquoi n'y a-t-il pas de solution à la question juive sous le capitalisme ? L'auteur, Abram Léon, a été tué dans les chambres à gaz nazies. Nouvelle introduction et 40 pages d'illustrations et de cartes. 17 $ US. Aussi en anglais et en espagnol.

La lutte contre le fascisme aux États-Unis

Quarante ans de luttes décrites par des participants

JAMES P. CANNON ET D'AUTRES

En 1939, quelque 50 000 personnes à New York ont suivi l'appel du Parti socialiste des travailleurs pour répondre à un rassemblement de 20 000 personnes pronazies. « La question de comment lutter contre le fascisme a trouvé une réponse retentissante dans la magnifique manifestation qui a fait monter le cri : Des gardes de défense ouvrières pour écraser le danger fasciste ! » 5 $ US. En anglais.

La fondation du Parti socialiste des travailleurs

Procès-verbaux et résolutions, 1938-1939

« L'attaque contre les Juifs est le fer de lance de l'attaque contre la classe ouvrière américaine, » affirme une résolution adoptée par le congrès du SWP de 1938. Le parti a exigé que Washington « ouvre grand les portes des États-Unis aux victimes du régime des pogroms hitlérien ! » 23 $ US. En anglais.

WWW.PATHFINDERPRESS.COM

Nouvelle Internationale

UNE REVUE DE POLITIQUE ET DE THÉORIE MARXISTES

En défense de la terre et du travail

« La production capitaliste ne se développe qu'en ruinant dans le même temps les sources vives de toute richesse : la terre et le travailleur. »
— Karl Marx, 1867

TROIS ARTICLES

DANS *NOUVELLE INTERNATIONALE* Nº 8

- **Notre politique commence avec le monde**
  JACK BARNES
- **L'agriculture, la science et les classes travailleuses**
  STEVE CLARK

DANS *NOUVELLE INTERNATIONALE* Nº 9

- **L'intendance de la nature incombe aussi à la classe ouvrière**
  JACK BARNES, STEVE CLARK, MARY-ALICE WATERS

L'impérialisme U.S. a perdu la guerre froide

JACK BARNES

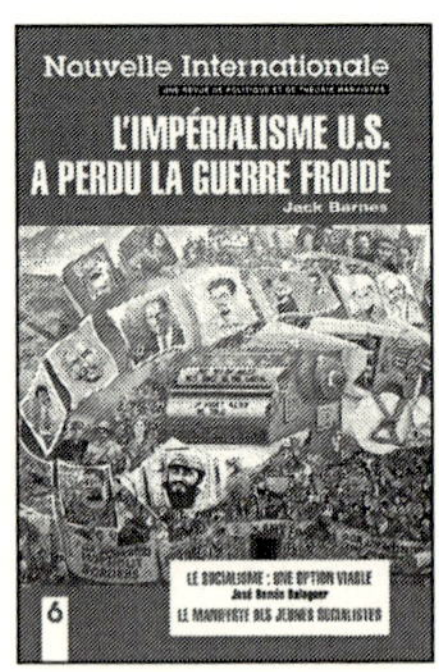

L'effondrement, il y a un quart de siècle, des régimes qui prétendaient être communistes en Europe de l'Est et en URSS n'a pas voulu dire que les travailleurs et les agriculteurs de ces pays y avaient été écrasés. Dans les conflits et les guerres intercapitalistes qui s'aiguisent aujourd'hui, ces travailleurs deviennent un obstacle insurmontable au progrès du capitalisme et acquièrent dans la lutte une expérience de direction. Dans *Nouvelle Internationale* nº 6. Aussi en anglais, espagnol, farsi et grec.

14 $ US chacun

LIBÉRATION DES FEMMES ET SOCIALISME

L'évolution de la femme

EVELYN REED

Une étude, de la préhistoire à la société de classes, de l'apport très méconnu des femmes au progrès de la civilisation. Evelyn Reed décrit les facteurs historiques qui ont conduit à la subordination des femmes en tant que sexe et offre un regard neuf sur la lutte contre leur oppression et pour la libération de l'humanité. 25 $ US. En anglais, espagnol, farsi et indonésien.

Les cosmétiques, la mode et l'exploitation des femmes

JOSEPH HANSEN, EVELYN REED
MARY-ALICE WATERS

Comment le grand patronat soutient le statut de deuxième classe des femmes et l'utilise pour engranger des profits. D'où vient l'oppression des femmes ? Comment l'entrée de millions de femmes dans la vie active a-t-elle renforcé la bataille pour leur émancipation, qui reste à être gagnée ? 12 $ US. En anglais, espagnol, farsi et grec.

L'émancipation des femmes et la lutte de libération de l'Afrique

THOMAS SANKARA

« Il n'y a pas de véritable révolution sociale sans la libération des femmes », explique le dirigeant de la révolution de 1983-1987 au Burkina Faso. 5 $ US. Aussi en anglais, espagnol et farsi.

WWW.PATHFINDERPRESS.COM

LES DIRIGEANTS RÉVOLUTIONNAIRES DANS LEURS PROPRES MOTS

Cuba et la révolution américaine à venir

JACK BARNES

Un livre sur les luttes des travailleurs au centre de l'impérialisme, sur les jeunes que ces luttes attirent et sur le peuple cubain, qui a montré que la révolution est non seulement nécessaire, mais qu'elle est possible. Ce livre porte sur la lutte de classe aux États-Unis, où les puissances au pouvoir méprisent les capacités révolutionnaires des travailleurs et des agriculteurs aujourd'hui comme elles ont méprisé celles des travailleurs et paysans cubains. Et tout autant à tort. 10 $ US. Aussi en anglais, espagnol et farsi.

Le socialisme et l'homme à Cuba

ERNESTO CHE GUEVARA
FIDEL CASTRO

« L'homme atteint réellement sa pleine condition humaine lorsqu'il produit sans être contraint par la nécessité physique de se vendre comme marchandise », a écrit Che Guevara en 1965. 5 $ US. Aussi en anglais, espagnol, farsi et grec.

Malcolm X parle aux jeunes

« La jeune génération de blancs, de Noirs, de bruns, de n'importe quelle couleur — vous vivez une époque de révolution », dit Malcolm X en décembre 1964. « Quant à moi, je me joindrai à quiconque, je me fiche de votre couleur, veut changer la condition misérable qui existe sur cette terre. » Un entretien et quatre discours. 12 $ US. Aussi en anglais, espagnol, farsi et grec.

Rébellion Teamster

FARRELL DOBBS

Les grèves de 1934, qui ont obtenu la reconnaissance du syndicat des camionneurs et des magasiniers à Minneapolis, ont contribué à ouvrir la voie au mouvement ouvrier social qui a construit les syndicats industriels. Le premier de quatre livres d'un dirigeant central de ces batailles. 16 $ US. Aussi en anglais, espagnol, farsi et grec.

Thomas Sankara parle

La révolution au Burkina Faso, 1983-1987

Le gouvernement que dirigeait Thomas Sankara au Burkina Faso a conduit les paysans, les travailleurs, les femmes et les jeunes à apprendre à lire et écrire, creuser des puits, planter des arbres, bâtir des logements, combattre l'oppression des femmes, réaliser une réforme agraire et se joindre à d'autres pour se libérer du joug impérialiste. 20 $ US. Aussi en anglais.

Histoire de la révolution russe

LÉON TROTSKY

Comment, sous la direction de Lénine, le Parti bolchevique a conduit des millions d'ouvriers et d'agriculteurs à renverser le pouvoir d'État des propriétaires terriens et des capitalistes en 1917 et à mettre au pouvoir un gouvernement qui avançait leurs intérêts de classe chez eux et à travers le monde. Le texte intégral en deux volumes. Écrit par l'un des principaux dirigeants de cette révolution socialiste. Deux volumes. 28 $ US chaque volume. Aussi en anglais et en russe.

LA RÉVOLUTION CUBAINE ET LA POLITIQUE MONDIALE

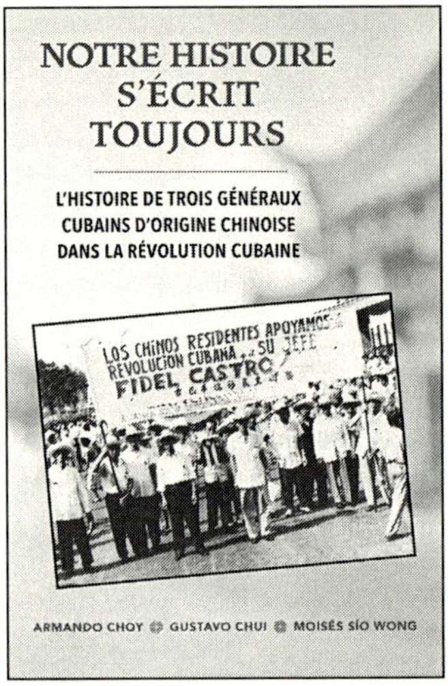

Notre histoire s'écrit toujours

L'histoire de trois généraux cubains d'origine chinoise dans la révolution cubaine

ARMANDO CHOY, GUSTAVO CHUI
MOISÉS SÍO WONG
MARY-ALICE WATERS

« Quelle a été la principale mesure pour combattre la discrimination contre les Chinois et les Noirs à Cuba ? Ça a été la révolution socialiste elle-même. » À travers l'expérience des auteurs, nous voyons comment des millions d'hommes et de femmes ordinaires à Cuba ont changé le cours de l'histoire et se sont transformés en le faisant. 15 $ US. Aussi en anglais, espagnol, farsi, grec et chinois.

La Colombie : Fidel Castro sur le débat autour de la stratégie révolutionnaire et des leçons de la révolution cubaine

Des extraits du livre *La paix en Colombie* de Fidel Castro et des articles du *Militant*. Fidel Castro décrit dans son prologue, sa postface et d'autres déclarations les efforts de la direction cubaine pour mettre fin à des décennies de guerre entre le mouvement de guérilla FARC et le régime brutal de la Colombie. Il explique que les révolutionnaires cubains, contrairement aux dirigeants du FARC, ont refusé de prendre des otages et ont organisé les travailleurs et agriculteurs à conquérir le pouvoir d'État et non à poursuivre une « guerre prolongée du peuple ». 5 $ US. En anglais et en espagnol.

Zone rouge

L'expérience cubaine contre l'Ébola

ENRIQUE UBIETA GÓMEZ

Pour combattre l'Ébola en 2014-2015, Cuba a envoyé plus de 250 travailleurs de la santé, dont des médecins et infirmiers. Tous volontaires, c'étaient des êtres humains comme seule une révolution socialiste peut en produire. 17 $ US. Aussi en anglais et en espagnol.

LA LUTTE OUVRIÈRE POUR DÉFENDRE LES LIBERTÉS CONSTITUTIONNELLES

Le socialisme en procès

Déposition au procès pour sédition de Minneapolis

JAMES P. CANNON

Le programme révolutionnaire de la classe ouvrière, présenté en réponse aux accusations de « conspiration séditieuse » dans un coup monté en 1941, à la veille de l'entrée des États-Unis dans la deuxième guerre mondiale. Les accusés étaient des dirigeants du mouvement syndical de Minneapolis et du Parti socialiste des travailleurs. 15 $ US. Aussi en anglais, espagnol et farsi.

Le désordre mondial du capitalisme

La politique ouvrière au millénaire

JACK BARNES

« Le fascisme est un mouvement lancé par la classe dirigeante pour maintenir la domination capitaliste. Ce n'est pas une forme de domination capitaliste, explique Jack Barnes. Lorsque les travailleurs comprennent ce qu'est réellement le fascisme, alors l'énormité de la responsabilité de le combattre devient d'autant plus claire. » 20 $ US. Aussi en anglais et en espagnol.

50 années d'opérations secrètes aux USA

La police politique de Washington et la classe ouvrière américaine

LARRY SEIGLE, FARRELL DOBBS, STEVE CLARK

Retrace la lutte menée pendant plusieurs décennies par les travailleurs ayant une conscience de classe contre les efforts d'accroître les pouvoirs présidentiels et de construire un État de « sécurité nationale » essentiel au maintien du régime capitaliste. 10 $ US. En anglais, espagnol et farsi.

ÉLARGISSEZ VOTRE BIBLIOTHÈQUE RÉVOLUTIONNAIRE

Le Manifeste communiste

KARL MARX ET FRIEDRICH ENGELS

Le communisme, disent les dirigeants qui ont fondé le mouvement ouvrier révolutionnaire, n'est pas un ensemble d'idées ou de principes préconçus. C'est plutôt la marche de la classe ouvrière vers le pouvoir, telle qu'elle surgit d'un « mouvement historique qui s'opère sous nos yeux ». 5 $ US. Aussi en anglais, espagnol, farsi et arabe.

L'héritage révolutionnaire de l'Amérique

Études marxistes

GEORGE NOVACK

Une explication matérialiste de la révolution américaine, de la guerre civile et de la reconstruction radicale, du génocide des Autochtones, de la montée de l'impérialisme américain, de la première vague de lutte pour les droits des femmes, etc. 23 $ US. En anglais.

L'origine de la famille, de la propriété privée et de l'État

FRIEDRICH ENGELS

Avec la société divisée en classes sont apparus l'État, avec ses institutions répressives, et l'oppression des femmes, permettant aux classes possédantes de protéger et de transmettre leurs richesses et leurs privilèges. Engels décrit les effets sur les travailleurs de ces institutions de classe, depuis leur apparition jusqu'à maintenant. 15 $ US. En anglais, espagnol et farsi.

Che Guevara : l'économie et la politique dans la transition au socialisme

CARLOS TABLADA

Puisant abondamment dans les écrits et les discours de Che Guevara sur la construction du socialisme, ce livre examine les relations entre le marché, la planification économique, les stimulants matériels et le travail volontaire. Il explique pourquoi le profit et les autres catégories capitalistes ne peuvent servir à mesurer les progrès accomplis dans la transition au socialisme. 17 $ US. Aussi en anglais, espagnol et grec.

Porto Rico : l'indépendance est une nécessité

RAFAEL CANCEL MIRANDA

Cinq nationalistes portoricains emprisonnés par Washington pendant plus de 25 ans ont été libérés à la suite d'une campagne internationale. L'un d'eux décrit la réalité de la domination coloniale américaine, l'exemple de la révolution socialiste à Cuba et la lutte pour l'indépendance. 5 $ US. En anglais, espagnol et farsi.

L'impérialisme, stade suprême du capitalisme

V. I. LÉNINE

« J'ose espérer », écrit Lénine au milieu de la première guerre mondiale, « que ma brochure aidera à l'intelligence d'un problème économique capital, sans l'étude duquel il est impossible de rien comprendre à ce que sont les guerres d'aujourd'hui et la politique d'aujourd'hui ; je veux parler de la nature économique de l'impérialisme. » 5 $ US. En anglais, espagnol, farsi et grec.

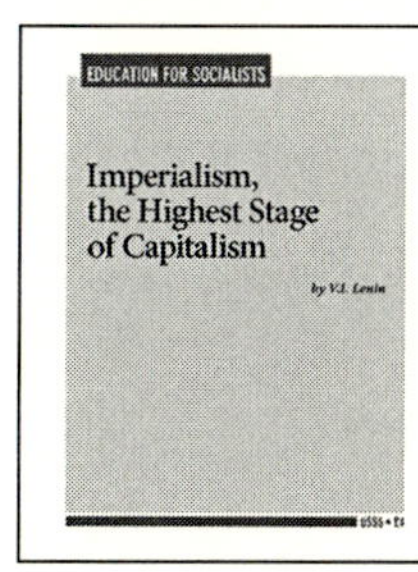